전쟁숙명론에서 전쟁해방학으로

국립중앙도서관 출판시도서목록(CIP)

전쟁숙명론에서 전쟁해방학으로
지은이: 쓰네모토 하지메; 옮긴이: 윤미영, 고명성
– 서울: 논형, 2014
    p. ;   cm

원저자명: 常本一
일본어 원작을 한국어로 번역
ISBN 978-89-6357-160-7 03300 : ₩8000

전쟁[戰爭]

349.9-KDC5
327.16-DDC21   CIP2014023317

전쟁숙명론에서 전쟁해방학으로

쓰네모토 하지메 지음 | 윤미영 · 고명성 옮김

한국어판 서문

올해도 더운 여름이 어김없이 찾아왔습니다. 8월은 평화에 대하여 생각하기 가장 좋은 계절입니다. 일본에서는 매년 평화를 다짐하는 다양한 이벤트와 학습모임이 열리거나, 비참한 전쟁체험을 담은 다양한 서적이 출판됩니다.

그러나 전 세계에서 5천만 명 이상의 사망자를 낸 제2차 세계대전의 기억을 전쟁의 경험이 없는 세대가 과연 언제까지 계승해 나갈 수 있을까요?

전쟁체험의 계승은 '지식'과 '생각'으로 나뉩니다. 피해의 규모 등은 문헌에 따라 비교적 후세에 전해지기 쉬운 반면, 그 당시 얼마나 무서웠으며 어떤 기분이었는지 등은 실제로 경험한 사람이 아니면 이해하기 힘듭니다.

이것이야말로 전쟁체험이 잊혀져 가는 원인이라고 할 수 있습니다만, 그렇다고 수수방관해서는 안 됩니다. 뭔가 새로운 방법을 생각해야 할 시기에 와 있는 것은 아닐까요?

이 책은 그에 대한 하나의 대답으로 세상에 질문을 던진 것입니다. 이 책에서 시도하고 있는 것은 전쟁의 이론적 이해, 다시 말해 전쟁의 메커니즘을 이론적으로 이해하기 때문에 전쟁 경험의 유무는 전혀 관계가 없으며, 전쟁체험의 계승은 처음부터 문제되지 않습니다.

물론 전쟁을 기억하는 계승이 필요 없다는 것은 아닙니다. 다만, '전쟁이 일어나는 구조를 모르고서는 전쟁을 막을 수 없다'는 점을 지금까지 등한시되어 온 평화교육의 방법론을 통해 다음 세대에 널리 알리지 않으면 안 될 것입니다.

이 책은 소책자에 불과하지만 후반부에 지구국가(=인류의 영원한 평화)로의 해답에 대한 다양한 힌트가 담겨 있습니다. 이웃 국가들과의 평화에 관해서는 물론, 특히 동아시아 지역에 관한 부분은 과거를 극복하자는 의미를 담은 만큼 힘을 쏟았습니다.

마지막으로 이 책이 이번에 한국어로 번역되어 한국에서 출판되는 행운을 떨리는 설레임으로 자각하고 있습니다. 필자가 진심으로 경애하는 나라, 대한민국. 일본인보다 논리적 사고가 뛰어난 만큼 이 책에 대한 비판을 한국 국민들에게

당부하는 것은 오랜 꿈이었습니다. 이 책에서 펼쳐지는 '전쟁해부학'이 한국 국민들에게도 전쟁숙명론에서 '해방학'으로 인식되어지기를 진심으로 바랍니다.

2014년 초여름
쓰네모토 하지메

차 례

'전쟁해부학' 강좌 I

전쟁신화에 속지 않기 위하여

여러분! 속으면 안 됩니다. 혹시나 '전쟁은 인류의 숙명이다'라고 믿고 계시지는 않습니까? 그것을 전쟁신화라고 합니다.

신화【神話】③ 인간의 사유와 행동을 구속하고 좌우하는 비합리적 이념이나 고정관념.(『지린 21』산세이도(三省堂) 인용)

3개의 전쟁신화

2005년은 제2차 세계대전이 끝나고 60년이라는 시간이 흐른 중요한 해였습니다.

그 무렵 필자는 '평화오사카[1]'라는 평화박물관에 근무하고 있었습니다.

그 해 여름에 겪었던 사소한 경험을 들려 드리면서 이야기를 시작하도록 하겠습니다.

전후(戰後) 60년이 되는 해라는 점도 있어서인지 예년 여름방학보다 많은 부모와 자녀, 어린이 모임, 동아리 학생 등이 평화오사카를 방문하여 연일 평화학습에 열심이었습니다. 그러나 실제로 그들은 전쟁에 대해 얼마나 이해하고 있었을까요?

---

1) 평화박물관 '평화오사카'는 오사카부와 오사카시의 공동 출자에 의해 설립된 공익재단법인 오사카국제평화센터가 운영하는 박물관으로 1991년에 개장했다. 오사카시 중앙구에 있는 오사카성 공원의 일각에 위치하는 3층 건물로 3개의 상설 전시실, 특별전시실, 강당 등이 있다. 설립의 목적은 과거의 전쟁으로 인해 일본이 입은 '피해'뿐만이 아니라, 아시아 국가들에 관한 '가해'도 아울러 전시하는 '양면전시'이며, 이를 통해 과거를 넘는 것을 목표로 하고 있다.

평화박물관인 평화오사카. 한국에서도 많이 방문하고 있다.

　어느 날, 한 어린이 모임의 인솔지도자가 아이들과 견학을 마친 뒤 사무실로 찾아와서는 대뜸, "도대체 전쟁은 왜 일어나는 걸까요?"라며 난처한 표정으로 묻더군요. 아이들 질문에 아무런 대답을 못했다면서 … 물론 한마디로 대답하기 어려운 질문입니다. 그런 어려움이 전쟁신화를 만들어 온 것입니다. 아이들 부모세대의 인솔지도자는 "결코 전쟁을 해서는 안 되는 거에요"라며 아이들에게 가르친 후, 이런 생각을 하지 않았을까요? 예를 들어, "잠깐, 나도 오늘 아침 남편과 싸웠는데 … 그런 나에게 과연 국가와 국가 간의 전쟁을 비난할 자격이 있을까?"

"그러고 보니 며칠 전에도 우리 집 강아지 '존'이 동네 똥 개와 심하게 으르렁대며 싸웠어 … 개나 우리나 결국 동물 이기 때문에 싸움이나 전쟁은 어쩔 수 없는 것인지도 몰라."

또는 이렇게 생각했을지도 모릅니다.

"지금 눈앞에 전시되어 있는 비참한 전쟁 사진들을 보고 있자면 전쟁은 정말 나쁘다고 생각해. 하지만 어젯밤에 본 쿠로사와 아키라 감독의 영화 '카게무샤'에 등장하는 타케 다의 붉은 화살막이 장면에서는 나도 모르게 '멋있어! 웅장 해!'라고 생각했어 … 인정하기 싫지만 전쟁에는 어떤 매력 이 숨어 있는지도 몰라."

그런 이유로 그녀는 앞서 말했듯이 평화오사카 사무실을 방문하였고 필자와 상담하게 되었습니다.

눈치채셨겠지만, 그녀의 머릿속을 맴돌던 것은 다음과 같 은 3개의 전쟁신화입니다.

① '개인이 싸움을 하듯이 국가도 전쟁이라는 싸움을 한다'
② '인간이 전쟁을 하는 것은 동물과 비슷한 공격 본능이 있기 때문이다'
③ '전쟁영화 등을 보고 가슴이 뛰는 것은 전쟁에 마력 같 은 것이 있기 때문이다'

이 대목에서 "그래서 인류가 전쟁을 하는 것은 어쩔 수 없다", "전쟁은 결코 없어지지 않는다"라는 결론을 전쟁신화는 함께하는 것입니다.

여러분은 어떻게 대답하시겠습니까? 아이들에게 어떻게 가르치겠습니까?

1) 전함 야마토(戰艦大和)*와 2) 제로전(ゼロ戰)*을 책으로 본 후, 멋있다고 순진하게 말하는 아이(주로 남자아이들)에게 "전쟁은 멋있는 게 아니야!"라며 무서운 표정을 짓는 정도가 전부 일지도 모릅니다.

전쟁을 도덕적으로 단죄하는 것은 잘못된 일이 아닙니다. 분명한 것은 사람 목숨이 걸린 문제이며, 전쟁이라는 것이 나쁜 것임을 알고 있다는 사실입니다. 하지만 그 이유와 원인을 분명히 하지 않은 채, 무조건 꾸짖거나 멋있는 것이 아니라고 억지로 강요하는 것만으로는 어린 시절 필자가 그랬던 것처럼 아이들을 납득시킬 수 없습니다. 그렇게 되면 결국 전쟁신화라는 계략에 빠지고 맙니다. 그렇다

---

*1) 일본제국 해군이 건조한 전함.
*2) 일본제국 해군이 중일전쟁과 태평양전쟁 때 사용한 함상전투기.

면 어떻게 설명하면 좋을까요?

전쟁해부도

여기서 가장 중요한 것은 전쟁을 도덕적 영역에서 과학적 대상으로 옮겨가는 겁니다. 서론이 길어졌습니다만, 필자는 다음과 같이 설명드리고자합니다. 〈그림 1〉은 전쟁에 과학적 메스를 가해 철저하게 해부한 것입니다.

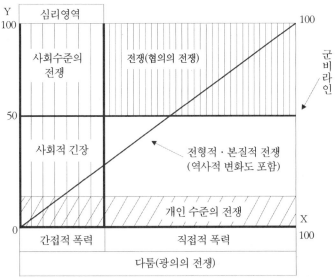

X축: 전쟁의 자연성(적개심의 정도) Y축: 전쟁의 사회성(전쟁참가자의 규모)

〈그림 1〉

이 그림을 보고 전쟁이 더 헷갈리게 되었다고 야유를 보내고 싶어진 독자 여러분도 많으시겠죠. 이는 인체를 해부하여 심장과 대장만 보고서는 인간의 활동을 상상할 수 없는 것과 같은 이치입니다. 인간의 오장육부를 해부하면 반드시 병의 원인을 발견할 수 있습니다. 지금껏 미신으로만 여겨졌던 희귀병의 원인을 밝혀낼 수 있듯이, 전쟁신화도 전쟁에 대한 과학적 해부를 통해 오래된 미신 세계에서 쫓아낼 수 있습니다.

본 강좌 I 에서는 앞에서 언급한 3개의 전쟁신화에 대하여 하나씩 대답하는 형식으로 전쟁이라는 것을 조금씩 해부하여 〈그림 1〉에 도달하도록 하겠습니다. 물론 그 결론은 전쟁신화에 대한 철저한 반박에 있다는 것은 두 말할 필요도 없습니다.

양과 질의 법칙

먼저 전쟁신화 ②인 '인간이 전쟁을 하는 것은 동물과 비슷한 공격 본능이 있기 때문이다'에 해부 메스를 대도록 하겠습니다. 광범위하게 유포되어 있으며 가장 어려운 신화, "전쟁은 본능에서 비롯된다"라는 것부터 정리하도록 합시다.

이 신화는 인간과 동물은 어느 정도의 차이는 있지만 원래는 똑같다는 인식에서 비롯되었습니다. 독자 여러분의 생각은 어떻습니까? "그런 것 같기도 하고, 아닌 것 같기도 하고…" 대다수가 이렇게 생각하지 않을까요? 사실 필자의 생각도 마찬가지입니다. 즉, 인간=동물이라는 면과 전혀 다르다는 면 이 두 가지가 다 진실이라는 전제 하에 출발하겠습니다.

이야기를 고대 그리스로 옮겨 가 보도록 하겠습니다. 길거리 토론을 그 무엇보다 즐기던 소피스트들이 어느 날, 이상한 현상에 의문을 가집니다.

보리를 한 알, 두 알 겹겹이 포개어 쌓아도 그것은 그냥 쌓아 놓은 보리지만, 점점 쌓여지면서 어느 순간 그것들이 수북이 쌓여져 퇴적(堆積)되었다고 부른다는 겁니다. (도대체 몇 알부터 '수북이 쌓였다'고 부르는지 저에게 질문을 하셔도 대답할 길이 막막합니다만…)

'양의 차이가 질(質)의 차이를 가져온다'는 법칙이 발견된 순간이었습니다. 온도 변화로 인해 물이 얼음이 되고, 혹은 증기로 변하는 것으로도 그 법칙을 확인할 수 있습니다. 그러나 아무리 퇴적(堆積)이라는 개념으로 변화해도 보리 알

갱이 자체가 다른 무언가로 변화한 것은 아닙니다. 보리를 아무리 겹쳐 쌓아도 보리일 뿐이니까요.

인간과 동물의 차이도 이처럼 이해할 수 있습니다. 이를 테면 "명료한 질적 변화가 있다"라고 말할 수 있으며 "단순한 양적 차이에 불과하다"라고도 말할 수 있는 관계라는 겁니다. 〈그림 2〉는 그것을 그림으로 나타낸 것입니다.

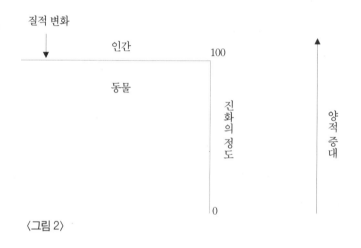

〈그림 2〉

인간은 본능을 가지고 있지 않다?

그러나 세상의 많은 학자들은 '애매모호'한 이론을 내세우는 것을 달가워하지 않는 것 같습니다. 그래서 의견의 대립은 한층 더 열기를 더합니다.

"인간을 알기 위해서 동물을 연구한다는 것은 제트기가 어떤 식으로 나는지를 알기 위해 손수레를 분해하는 것과 같다."

이렇게 말하며 울분을 터트리는 것은 동물과 인간이 전혀 별개라고 주장하는 쪽 논객의 한 사람입니다. 그러면 그쪽 주장부터 먼저 살펴보도록 하겠습니다.

그 대표자인 애슐리 몽테규(Ashley Montagu, 영국인 인류학자)는 1968년 『인간과 공격성』이라는 저서에서, 동물에 의거한 다양한 논의는 엄밀히 말해서 동물에게만 해당되는 것으로 인간은 상관이 없다고 적었습니다. 그리고 "…아기가 보여 주는 몇 가지 본능에 가까운 반응을 제외하면 인간은 본능을 전혀 갖고 있지 않은 것이 실상이다"라고 덧붙였습니다.

본능이 없다? 인간이? 정말 그럴까요? 여러분은 마음속으로 누군가를 '죽여 버리겠어!'라며 분노에 떤 경험이 없었나요? 반대로 마음속 깊은 곳에서 연민을 느끼고 우정에 눈물을 흘린 적은 없었나요?

이러한 감정들은 배움이나 학습을 통해 얻게 된 것들일

까요?

이렇듯 역시 인간에게도 본능이 있을 수밖에 없다고 생각합니다.

물론 앞에서 언급했듯이 인간과 동물 사이에는 진화의 양적 차이가 존재하므로 질적인 면에서도 당연히 차이가 생길 수밖에 없습니다. 때문에 동물의 본능과 인간의 본능이 똑같다고 말할 수는 없습니다.

원숭이 학자 이타니 준이치로(伊谷純一郎)는 이렇게 말합니다.

> 적어도 고등동물이나 인간에게 있어 본능과 비(非)본능은 엄격하게 구별되어야 하는 것이 아니라, 동물과 인간 사이에 위치하는 그 중간 … 그 중간층을 생각하지 않으면 안 된다.

인간의 본능은 '그 중간층'에 속하는 것으로 그것을 대충 '준(準)본능'이라고도 부를 수 있겠죠. 그렇다면 인간이 지닌 본능을 인정하고 싶지 않은 사람들도 본능이 아니라 준(準)본능이라는 방편을 사용할 수 있을 것입니다.

그런데 몽테규 쪽 사람들은 왜 그런 극단적인 주장을 고

집하는 것일까요? 그건 '씨(氏)' 또는 '성장'이라는 생물학상의 아포리아(Aporia, 영원한 질문)의 일면도 지니고 있지만, 필자는 그들이 그들 나름의 '전쟁신화의 부정'을 시도하고 있다고 생각합니다. 즉, 인간이 본능을 갖고 있지 않다면, 동물처럼 공격 본능에 따라 싸운다는 설(說)도 부정할수 있으며, 백지상태로 태어났다고 한다면 평화를 사랑할수 있도록 하는 교육을 통해 전쟁을 없앨 수 있다고 단호히결론을 내릴 수 있기 때문입니다.

과학과 도덕의 혼동

1986년의 '폭력에 관한 세비야 성명'에서도 근본적인 공통점을 느꼈습니다. 성명은 유네스코가 20명의 과학자를스페인 세비야로 초청해 학술회의를 열고 "전쟁은 생물학적 필연이 아니다"라는 결론의 성명을 당당히 발표한 것입니다.

이 성명과 함께 "유전자는 우리의 행동능력 발달에 협조하고 있지만 유전자만이 그 결과를 결정하는 것은 아니다"라는 것 등이 필자와 입장을 같이하고 있으며, 사회적 영향력이 있는 유네스코에 의해 발표되었다는 점에서 그 의의

가 크다고 할 수 있습니다. 그러나 다음 사항들은 비판 없이 넘어가기가 힘들 것 같습니다.

"투쟁은 동물 종(種)에서 광범위하게 일어나고 있지만, 동일 종 내에서 조직되어진 집단 간의 파괴적 투쟁이 벌어진 경우는 자연에서 서식하는 동물 종 일부에서밖에 보고된 바가 없으며 … 전쟁은 인류의 고유 현상이며 다른 동물에서는 일어나지 않는다."

"동물의 투쟁은 서식지나 서열을 정하기 위한, 이른바 필요악으로서 동일 종 내에서는 불필요한 살생을 피하려는 것이 의식화되어 무해한 것으로 되어 있다."
— 이것은 전후(戰後) 번성한 동물행동학에서 대대적으로 유포한 이론입니다. 그러나 그후, 조류의 새끼살해 · 형제살해, 침팬지의 수컷새끼 살해 등 자연계 내 동일 종(種) 간의 살해 사례가 많이 보고 되었습니다. 사회생물학의 일인자인 E. O. 윌슨(Edward Osborne Wilson, 미국인 생물학자)은 『인간본성에 대한』이란 책에서 다음과 같이 말하고 있습니다.

만약 개코원숭이가 핵무기를 가지고 있다면 그들은 일주일도 지나지 않아 틀림없이 세계를 파괴해 버릴 것이다. 또한 개미들에게도 암살, 소규모 충돌, 전면전 등이 일상에서 밥 먹듯이 일어나고 있다. 개미에 비하면 인간은 실로 온화한 평화주의자라 불러 마땅하다.

윌슨의 말에 다소 과장이 들어 있다 하더라도 독자 여러분은 이 책이 이미 1978년에 발행되었다는 점에 주목해 주시길 바랍니다.

세비야 성명이 발표된 1986년도는 사회생물학, 행동생태학의 발달로 인해서 일변된 동물학계의 비전이 이미 학계의 정설로 우위를 점하고 있던 시기였습니다.

그럼에도 불구하고 5대륙 12개 국에서 모인 지식인들은 최근의 연구결과와 학설을 무시했습니다. 왜냐고요? '전쟁신화를 부정'하고 싶었기 때문입니다. 이를 위해 학술회의장이라는 곳에서 "전쟁은 생물학적 필연이 아니다"라는 결론은 처음부터 정해져 있었던 것입니다.

그러면서도 그들은 거기에 숨어 있는 중대한 함정에 대해서는 인식하지 못합니다. 필자는 본 강좌 시작 무렵에 전쟁신화를 부정하기 위해 무엇보다 중요한 것은 '전쟁을 도덕적 영역에서 과학적 대상으로 옮기는 것이다'라고 하였습니다.

'인간이 공격성과 같은 사악함을 지니고 있다고 생각할 필요는 없다'라든지, 또는 '애초에 정해진 결론을 내야 할 것이다' 등은 도덕적 영역으로서 결코 과학적 입장이 아닙니다.

그리고 재차 언급하지만, 과학과 도덕의 혼동으로 인한 사고(思考)적 혼란이야말로 전쟁신화가 바라는 술책이라는 것입니다.

필자의 사상적 입장

그럼 이쯤에서 필자의 사상적 입장을 분명히 해 둘 필요가 있을 것 같습니다. 본 강좌는 전쟁신화를 부정하는 것이었는데, 전쟁신화를 부정하고자 하는 이들의 의견을 비판하는 것이 의아하게 생각될 수도 있으니까요.

필자는 앞서 언급한 바와 같이 인간에게도 공격성이라 칭해지는 본능(준[準]본능)의 존재를 인정하였습니다. 하지만 공격성의 존재만으로 사람과 사람이 싸우며 살인에 귀결된다고는 생각하지 않습니다.

왜냐하면 그렇게 되기 위해서는 다른 요인, 예를 들어 내·외적 요인(짜증이 났다. 친구가 많아서 대담해졌다 등) 및 우발성(사람과 부딪혔는데 상대방이 쓰러졌다 등)과 같은 많은 요인이 복합적으로 작용하기 때문입니다.

물론 공격성은 사람이 다투기 위한 절대적인 필요조건이기 때문에 그것이 차지하는 비중이 매우 크다는 점은 틀림없습니다. 하지만 생물학적 입장에서 전쟁을 논하는 자들은 종종 인간이 지닌 공격성을 있는 그대로의 형태로 인간이 전쟁(대규모 무력전쟁)을 일으키는 원인으로 간주하는 것(인간에게 본능이 없다는 것은 그에 대한 대립 명제입니다)에 대해서 필자는 받아들일 수 없습니다.

위에서 보았듯이 개인적 살인의 애초 다툼조차 그 원인이 단순하지 않은데, 하물며 무기를 이용한 사회적 규모의 전쟁 원인은 비교하기 힘들 정도로 복잡합니다.

그것보다 더 근본적인 문제는, 이미 설명한 '양과 질(質)의 법칙'을 기억하시기 바랍니다만, 아시다시피 사회는 개인의 집합체이기 때문에 사회에서 일어나는 현상의 원인과 개인 차원의 현상을 설명하는 원리는 당연히 질적으로 다를 수밖에 없습니다.

즉, 사회적 규모의 전쟁 원인이 인간의 공격성이라는 점은 틀림없지만, 그것은 변질되어 사회의식이라고 하는 사회학적 연구대상으로 바뀌어 버렸습니다. (이에 대해서는 본 강좌 I 후반부에 자세히 설명하겠습니다)

필자의 입장을 요약하면 다음과 같습니다. 개인 차원의 다툼은 인간 본능의 공격성과 관련된 부분이 많으며, 또한 그것은 종종 변덕스럽게 일어나기 때문에 근절하는 것은 어렵지만, 평화애호교육을 통해 최소화할 수 있다. 한편, 무기를 이용한 사회적 차원의 전쟁은 인류의 발명이라는 점 이외에는 그 무엇도 아니며, 동일한 인류의 발명(민주주의, 지구국가 등)에 의해 완전히 근절시킬 수 있다.

즉, 전쟁(특히 대규모 무력전쟁)이 인류의 숙명이라고 주장하는 것은 터무니없는 억측이며, 본 강좌 I 에서는 그것을 증명하려고 하는 것입니다.

로렌츠의 공격성 우위론

이번에는 인간=동물이며, 자주 일어나는 전쟁은 인류의 숙명이라는 주장을 서슴지 않는 사람들에게 근본적인 반박을 시도해 보도록 하겠습니다.

그들의 이론적 챔피언은 뭐니뭐니 해도 콘라트 로렌츠(Konrad Lorenz, 오스트리아인 동물학자)입니다. 1973년에 노벨상을 수상한 그는 동물행동학으로 세상에 명성이 높을 뿐만

콘라트 로렌츠

아니라 인간성 고찰과 인류 미래에 대해서도 언급한 위대한 문명비평가이기도 하여 그에 대해 새삼 소개할 필요는 없을 것 같습니다.

특히, 그의 공격성 이론은 미국과 소련의 치열했던 냉전시대에 핵전쟁에 의한 인류 멸망위기에 대해서 비관적인 예측을 하는 등 여러 측면에서 비판을 받기도 했습니다.

로렌츠는 지나친 비판에 머쓱해 하며 자신의 공격성 이론 가운데 인간에 관한 부분은 가설에 불과하다고 변명했지만, 그의 저술을 읽는 한 그 또한 동물과 인간을 동일한 이론적 범주에 넣은 학자 중 한 사람임에 틀림없습니다. (계속설[継続説]이라고도 합니다. 반면 몽테규 같은 사고방식

은 환경설[環境説]이라고 합니다)

공격적 본능은 동물처럼 인간에게도 길항적(拮抗的)으로 작동하는 본능, 즉 공격성을 억제하는 본능이 있습니다. 그것은 다른 본능, 예를 들어 섭식본능에서 먹는 행위만 하고 잠을 전혀 자지 않으면 과로사해 버리는 것으로도 이해할 수 있습니다.

본래 생물에는 그러한 균형이 작동하는 것으로 생각하기 쉽지만, 로렌츠 주장의 문제점은 공격성에 비해 공격성을 억제하는 본능이 인간에게 있어서는 유달리 약하다고 주장한다는 점입니다. 이 공격성 우위론이라고 할 수 있는 사고방식의 논거에 대해서 그는 다음의 두 가지를 말하고 있습니다.

① 왜냐하면 인간은 신체적으로 강력한 무기를 갖고 있지 않으니까. (그에 상응하는 억제력도 진화하면서 강해지지 않았다)
② 왜냐하면 생물진화에서 우정과 사랑의 등장은 공격성보다 수백 만년 후에 나타난 새로운 것이기 때문에.

공격성과 억제력의 균형

이유 ①에 대해 좀 더 설명이 필요할 것 같습니다. 로렌츠는 이렇게 말합니다.

> 동물이 지닌 무장의 효과성과 이 무장을 동일 종족인 동료에게 발휘하는 것을 방해·억제하려는 작용 사이에는 관계가 있다.

그 관계는 동물들의 투쟁에 대해 앞서 언급했듯이 종족의 생존을 위한 의미에서는 필요악이지만, 그 필요악을 위해 너무 많은 개체가 죽게 된다면 그 의미를 상실해 버리고 마는 이유에서 진화한 것으로 〈표 A〉처럼 동일 종족에서의 공격 억제력은 공격력에 정비례하여 균형 잡혀있는 것이라고 주장하고 있습니다.

〈표 A〉

A	강력한 무기를 가진 동물 (늑대, 사슴, 까마귀 등)	강한 공격 억제력
B	약한 무기를 가진 동물 (쥐, 토끼, 비둘기 등)	약한 공격 억제력

B의 약한 무기만을 가지고 있는 동물은 그만큼 공격 억제력도 약하지만, 만약 제대로 싸우더라도(반면 A의 늑대 등은 투쟁을 의식화하고 있다) 상처가 심하지 않거나 빨리 도망칠 수 있어서 치명상이 되지 않기 때문에 살아갈 수 있다고 말합니다.

로렌츠는 당연히 인간을 쥐 등과 함께 B에 속한 것으로 보고 있습니다. 그런데 인간이란 신체유전적으로 물려받은 무기 외에도 살상을 전문으로 하는 도구를 만들어 자연계 법칙에서 위배된 공격력만큼은 카테고리 A로 넘어가 버렸다고 합니다.

로렌츠는 그의 저서『공격』에서 "만약 어느 행동학자가 화성에서 인간의 집단행동을 관찰했더라면"이라고 가정하여 다음과 같이 쓰고 있습니다.

(이 행동학자는) 인류의 미래는 식량마저 다 떨어진 배 위에서 서로 으르렁거리는 쥐들의 운명과 별반 다르지 않다고 볼 수 있다. 그래도 쥐들은 낙관적이라 할 수 있다. 왜냐하면 쥐들은 대량살상이 일어난 후에도 종족을 유지하기 위한 최소한의 개체 수는 남길 것이기 때문이다. 하지만 수소폭탄을 사용한 후의 인간에 대해서는 그 점이 매우 의문스럽다.

인간이 수소폭탄의 사용을 단념시키기 위한 인간의 공격 억제력은 매우 우려스럽다. 걸핏하면 화를 내고 싸움해 버리고 마는 공격성을 잘 조절하는 수밖에 없다고 로렌츠는 주장합니다.

공격성은 틀림없는 인간의 본능이며 제거할 수도 없기 때문에 그 힘을 잘 조절하거나 다른 생산적 부분으로 전환하면 된다는 가설이 사실 많은 사람들에게 지지를 받고 있습니다.

로렌츠와는 반대로 "전쟁이란 생물학적 필연이 아니다"라고 주장하는 마가렛 미드(Margaret Mead, 미국인 인류학자)조차 약간의 논리적 혼란을 보인 후, 전쟁을 막기 위한 조건의 하나로서 "점점 도시화되어 가는 환경 속에서 일찍이 혹독한 자연환경과 전쟁으로 명망을 얻고 있던 젊은 남자들이 그들의 용기와 육체적인 능력을 유용하게 사용할 수 있는 방법을 찾는 것"이라고 언급하고 있습니다. 이렇듯 이 가설은 정착해 버린 듯 보입니다.

하지만 정말로 인간의 공격적인 본능을 억제하기 위한 본능이 그렇게 믿음직스럽지 못한 것일까요? 그래서 앞서 말한 〈표 A〉에 대한 검토가 다음 과제입니다.

로렌츠의 주장은 맞는 것일까?

반복되지만, 로렌츠는 신체적 무기의 힘이 약한 부류일수록 그 억제력도 약하다고 말합니다. 그렇다면 여성은 남성보다 그 억제력이 약하다는 것이 됩니다. 뭔가 짚이는 데가 있습니다만, 여러분은 어떻습니까?

필자가 근무했던 평화박물관 '평화오사카'에서 예전에, 소년병에 대한 특별전을 개최했을 때의 일입니다. 준비를 위해 문헌들을 살필 때, 소녀병사가 소년병사보다 잔인하게 행동하는 사례를 많이 찾아볼 수 있었습니다. 과연 로렌츠의 이론은 올바른 것일까요?

앞의 〈표 A〉를 통해 우리가 알 수 있듯이 로렌츠의 사고방식은 큰 틀에서 대중의 인기를 얻을 만한 설득력이 있다고 생각됩니다. 또한 현재 우리에게 무엇보다 중요한 것이 무기를 버리는 것(우리의 공격력을 B로 되돌리는 것)이 최우선 과제임을 명확히 하고 예리한 경종을 울리고도 있습니다.

그러나 A와 B라는 이분법(로렌츠는 앞의 표를 사용하고 있지 않습니다만)은 약간 조잡하고 모호하다는 비난을 피할 수는 없습니다. 예를 들어 B에 속한 쥐보다 오히려 몸이 작은 땃쥐의 경우, A의 늑대와 비슷한 의식적 투쟁을 한다거나, 날아다니는 등 뛰어난 도피 능력을 지닌 까마귀가 강력한 공격 억제력을 발전시킬 필요가 있는지 등, 고개를 갸우뚱하게 하는 측면도 있기 때문입니다.

그리고 무엇보다 냉전시대 종결을 보지 못하고 세상을 떠난 로렌츠는 알 수 없겠지만, 그토록 심각한 핵 군비 경쟁을 벌였던 미국과 소련 양국이 결국은 수소폭탄을 사용하지 않았다는 사실은 로렌츠가 앞서 주장한 이론에 대한 반증(反証)이 될 수 있습니다. 인간의 공격 억제력도 쓸모 없었던 것이 아니었다는 점입니다.

본능의 민주의회

다음은 앞에서 언급한 로렌츠의 공격성 우위론을 입증하는 또 하나의 이유인 ②에 대해 함께 생각해 보도록 하겠습니다.

로렌츠는 동물의 사랑(결합·연대·우정) 의식이 공격 행동에서 바뀐 것이라는 연구 결과에서 동물 종 내의 공격 역사는 개체 간의 우정이나 사랑보다 수백만 년이나 오래되어서 사랑은 새로운 것이며 믿을만한 것이 못 된다고 합니다.

종(種) 내의 공격은 상대(저항적으로 움직이는 본능)에게
애정을 동반하지 않지만, 거꾸로 공격성이 없는 사랑은 존
재하지 않는다.

그런데 로렌츠는 본능의 메커니즘을 의회에 비유하기도
합니다. 그것을 기반으로 하여 앞에 서술한 그의 생각을 정
리하면 〈그림 3〉과 같이 인간을 포함한 동물의 기본적인
행동을 규정하는 '본능의 민주의회'가 나타나게 됩니다.

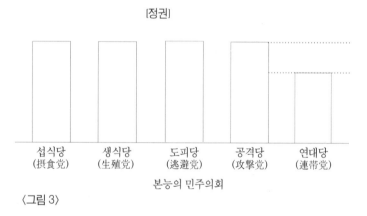

〈그림 3〉

이 '의회'는, 예를 들어 생식당이 집권하면 그 동물은 섹스

에 빠집니다. 털을 세운 채 노려보고 있던 고양이가 갑자기 도망갈 때는 공격당에서 도피당으로 정권교체가 이루어지며 … 이와 같은 메커니즘이 작동하는 것입니다.

그럼 본래의 취지로 돌아가서, 로렌츠의 공격성 우위론이 보여주듯이 연대당은 공격당을 정말 억제할 수 없는 걸까요? 물론 연대당 이외의 정당이 정권을 잡고 있을 때나 공격당이 지나친 장기집권으로 호메오스타시스(Homeostasis, 항상성 유지 기능)가 작동하여 스스로 정권을 내놓은 경우에는(따라서 '민주의회'라는 이름이 있습니다) 공격당의 횡포를 막을 수 있습니다.

그러나 연대당과의 일대일 대결에 한해서는 〈그림 3〉의 점선 부분이 보여주듯 창당 역사가 짧고 의석 수도 적은 연대당이 대항할 수 있는 방법은 전무하다고 해도 무방할 듯합니다.

우애라는 원내회파(院内会派)

조금 우울해졌을지도 모를 독자 여러분. 앞서 서술한 로렌츠의 말을 떠올려 주시기 바랍니다. 생물의 진화역사상 종(種) 내의 공격에서 사랑(연대당)을 동반하지 않았던 시대가 있었다고 말합니다.

  그렇다면 왜 그때 생물은 멸망하지 않았던 것일까요? 공
격당만 가지고 있는 생물이라면 싸움에 전념하여 세상에서
사라졌다 해도 이상하지 않을 것입니다.

  그렇게 생각하면 사실은 공격당 속에도 〈그림 4〉와 같
이 '비폭력 그룹'이라는 세력이 있고 같은 종(種) 사이에서
싸움을 의식화하여 가급적 치명상이 되지 않도록 제동을
걸고 있었다는 사실을 알 수 있습니다.

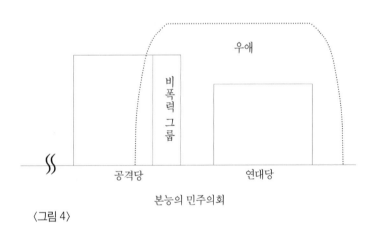

본능의 민주의회

〈그림 4〉

  이 '비폭력 그룹'은 날카로운 이빨을 지닌 늑대 등에서 커
다랗게 세력을 형성하고 있습니다만, 인간에게서는 그저

작은 세력으로서(이것은 앞에서 언급한 A와 B로 나눈 〈표 A〉와 같은 생각입니다) 잔인한 것을 보면 눈길을 돌려 버리는 비위 약함이 양심의 가책 등이 진화한 유물이라고 말하는 학자도 있습니다.

어찌되었든 인간이 지닌 '비폭력 그룹'은 소규모이긴 하지만, '본능의 민주의회'에서 〈그림 4〉와 같이 연대당과 함께 '우애'라는 원내회파를 결성하고 연대당 의석의 부족함을 보충하여 공격당과 세력대항을 하면서 그 횡포를 억제시키는 작용을 합니다.

이렇게 보면 인간에게도 충분한 공격 억제력이 유전자에 포함되어 있음이 입증되었다고 할 수 있습니다. 인류가 지금까지 수소폭탄을 사용하지 않았던 것은 결코 우연이 아니라는 점입니다.

지금까지 살펴본 바와 같이 필자는 인간이 지닌 공격적 본능의 존재를 인정하면서도 전쟁숙명론, 다시 말해 "인간이 전쟁을 하는 것은 동물과 같은 공격적 본능이 있기 때문이다"라는 전쟁신화를 부정하였습니다.

독자 여러분께서는 충분히 납득되셨는지요? 개개인 사이의 다툼은 인간에게도 충분히 타고난 공격 억제력이 있기 때문에 전쟁(싸움)의 발생은 사실이라 하더라도 생물학적 필연은 아니다라고 동의하시리라 생각합니다.

하지만 사회적 규모의 무력 전쟁에 대해서는 필자가 말했듯이 인간의 발명으로 동물에게는 없는 후천적·인위적인 것이라고 한다면 숙명이 아니라는 점은 깨닫게 되었지만, 그것이 어떻게 발명되었으며 어떤 메커니즘을 지니고 있는지는 여전히 의문이 남을 겁니다. 그래서 다음은 그 질문에 대한 답변을 해 드리겠습니다.

전쟁 발명의 메커니즘

인간이 일으키는 사회적 규모의 무력 전쟁을 계속해서 언급하고 있습니다만, 동물에게서는 불가능한 발명입니다. 그 발명의 메커니즘은 인간과 동물 간의 다음 '두 가지 차이점' 속에 그 수수께끼가 숨겨져 있습니다.

① 인간은 도구를 만든다.
② 인간은 말을 한다.

이러한 '두 가지 차이점'이 인간이 천성적으로 타고난 공격성을 억제하는 본능(앞에서 언급한 것을 비유해서 말하면 우애라는 원내회파입니다만, 우애성이라고도 부릅니다)을 눈속임하여 그 본래의 작용을 저지하고 전쟁을 일으킨다거나 그 피해를 크게 하기도 합니다. 즉, 전쟁이 생물학적 기초를 뛰어넘어 발명되어진 이유입니다.

먼저 ①에 대해서 설명하도록 하겠습니다. 인간이 만드는 도구는 물론이고 전쟁을 할 경우에는 전쟁을 위한 무기가 필요합니다. 무기 사용에 의해 인간은 단 일격으로 상대방에게 치명상을 입힐 수 있게 되었습니다. 죽기 직전 상대의 고통에 찬 표정이 공격자의 자비로운 감정(공격성을 억제하는 본능=우애성)을 솟아오르게 하여도 그때는 이미 늦습니다.

또한, 무기 사용은 투쟁자 간의 거리를 갈라놓고 동정심을 이끌어내는 상대방의 신호를 보기 어렵게 만듭니다. 예를 들어 어느 마을을 네이팜탄(유지소이탄)으로의 공격 명령을 받은 전투기 조종사가 광장에 나타난 수백 명의 사람들 머리 위로 기름을 뿌려 불을 붙이도록 변경된 명령을 받게 된다면(실질적으로 네이팜탄을 발사하는 것과 별반 다르지 않지만) 아마도 따르지 않을 것입니다. 왜냐하면 네이팜탄을 떨어뜨린 조종사는 공중에서 그 아비규환의 생지옥을 보지 못하기 때문에 그 명령에 복종할 수 있는 것이니까요.

이와 같이 전쟁은 조금씩 발명되어 갑니다만, 또 하나 중요한 것이 있습니다. 그것은 ②의 '인간은 말을 한다'라는 것입니다. 이것은 인간이 지닌 상징적 능력이라는 것을 의미합니다.

인간도 피부색 등 다소의 차이는 있지만, 외모가 비슷하기 때문에 타 인종에 대해서도 동료의식(공격성을 억제하는 본능=우애성)을 가지고 있습니다. 하지만 전쟁을 수행할 때 이것은 방해가 됩니다.

그래서 높은 상징적 능력인 '언어'를 사용하여 "놈들은 인간이 아니야. 악마다. 짐승이다"라며 억지로라도 믿게 만듭니다. 태평양전쟁 때, 귀축 영미(鬼畜 英美, 마귀와 짐승 같은 미국과 영국)라는 슬로건은 그 전형이라고 할 수 있습니다. 이렇게 하여 짐승을 도살하듯 아무런 양심의 가책도 없이 살인을 저지를 수 있게 만들었던 겁니다.

사회적인 규모의 무력 전쟁을 차질 없이 수행하기 위해서는 해결해야 할 난제가 더 있습니다. 공격성을 우애성의 굴레로 해방시켜 '귀축 영·미'가 한 사람 한 사람의 의식에 심어 놓는다고 해도 어차피 개인의식은 변덕스러운 것입니다. 대규모 전쟁은 기간이 길어지기가 쉽기 때문에 도중에 마음의 변화라도 생기면 전쟁을 수행할 수가 없어집니다.

그래서 그 개인의식에 집단적 압력을 가해서 집단 전체의 의지를 확고한 사회의식으로 변화시킬 필요가 있습니다. 그러기 위해서는 인종적 편견과 제노포비어(Xenophobia, 외국인 공포증) 등을 부추기는 정치적 선전을 대대적으로 실시하는 한편, 개인의식에 숨어 있던 공격성을 억제하는 본능=우애성이 사회적으로 조직되어 대규모 반전운동으로 이어지지 않도록 정치적 권력을 발동시키지 않으면 안 됩니다.

이런 식으로 전쟁은 마침내 발명되고 일어나지만 그러기 위해서는 군대라는 전문적 전투사단을 기르고 군비를 정돈하기 위한 일정한 준비 기간과 국가 재정이 어려울 정도의 예산이 필요한 것은 두 말할 필요가 없습니다.

전쟁은 이렇게나 많은 수고와 시간을 필요로 한다는 것을 지금까지 지켜보면서 여러분은 이미 눈치챘을 겁니다. 이것을 인류의 발명이라고 하지 않고 무엇이라 표현할 수 있을까요? 생물학적 필연이라 한다면 왜 그렇게 많은 수고와 시간이 … 그만하겠습니다. 더 이상 말이 필요 없습니다. "인간이 전쟁을 하는 것은 동물과 같은 공격적 본능이 있기 때문이다"라는 전쟁신화가 본 강좌 I 에서 완전히 쓸모 없게 되었다는 것을 독자 여러분은 지켜 보고 있으니까요.

개인의 싸움과 국가의 전쟁

다음은 순서가 뒤바뀌었지만 전쟁신화 ①, 즉 '개인이 싸움을 하듯이 국가도 전쟁이라는 싸움을 한다'에 대해서 해부용 메스를 대도록 하겠습니다.

개인의 싸움과 국가의 전쟁은 동일한 것일까요? 여러분의 의견은?

동일한 것이라고는 할 수 없지만, 본질적으로 어떻게 다른지 질문을 받는다면 대답하기가 곤란할 것입니다. 이것은 정말로 힘든 문제로서 '사회는 개인의 집합체일까 아닐까'라는 질문에 사회과학자도 명확하게 대답하지 못합니다. 이것이 전쟁신화가 우리 가슴 속에 둥지를 튼 가장 큰 원인 중 하나입니다. 개념을 엄격히 구별할 수 없는 것이 사고적 혼란을 야기시킨다는 의미에서 말이죠.

한편, 개인이 하는 것이라고 국가도 반드시 하는 것은 아닙니다. 예를 들어, 경우에 따라서 개인적으로 자살하는 사람도 있지만, 국가의 자살이라는 것은 동서고금, 문자 그대로의 의미로서도 존재하지 않습니다. 그러나 집단적 차원이 되면 드물긴 하지만 있습니다. 가장 큰 사건은 남미 가이아나공화국에서 1978년에 일어난 사이비 종교집단 '인민사원' 자살 사건입니다. 사망자 수는 1천여 명이라고 알려져 있습니다.

이쯤에서 눈치 빠른 독자는 본 강좌의 서두에서 다룬 '양의 차이가 질(質)의 차이를 부른다'라는 법칙과 어떠한 관계가 있다는 점을 느끼셨을 겁니다. 진화의 양적 증대가 어느새 질적 변화를 만들어 동물과 인간을 구별지은 것처럼 여기에서도 마찬가지로 국가의 구성원 수의 양적 증대가 개인의 영역과 국가의 영역을 나누어 분리되는 현상이 일어납니다. (그것은 위에서 말한 집단 차원과 같은 모호한 중간영역도 만듭니다만) 그래서 본 강좌 I 의 시작 무렵에 이용한 개념도를 다시 사용하여 그 관계를 표현한 것이 〈그림 5〉입니다.

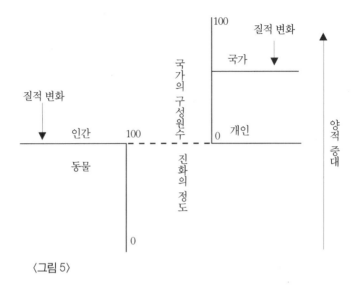

〈그림 5〉

　〈그림 5〉의 왼쪽 절반과 오른쪽 절반은 카테고리의 차이
는 있지만 (따라서 점선으로 연결되어 있습니다) 둘 다 위
의 법칙으로 이해할 수 있는 성질의 것입니다.

　그 다음 지금 초점이 되고 있는 우측의 그림을 분리하여
전쟁에 대해서 생각하기 위해서 〈그림 6〉과 같이 '국가의
구성원 수'라는 지표를 '군대의 구성원 수'로 바꿔 보도록 하
겠습니다.

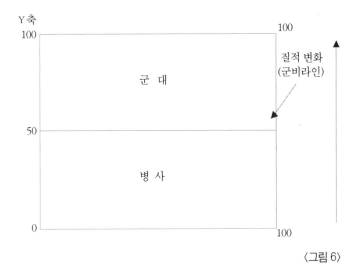

〈그림 6〉

군비 라인에 의한 질적 변화

군인이 되어야 할 사람이 한 사람 한 사람 모였다고 하더라도 그것을 반드시 군대라고 부르지는 않으며, 무기를 장착한 후(유지보수 및 물류 포함) 지휘계통이 확립되어 있어야만 합니다. 그렇게 군대가 성립되고, 더욱이 정상적으로 되기 위해서는 군비의 존재가 필수적이며, 그것은 개개인의 무장이 양적 증가로 인해서 질적으로 변화한 것입니다.

그래서 군대라는 개념과 병사 사이에는 〈그림 6〉과 같이 엄연한 '군비라인'이 표시 되어집니다. (편의상 값이 50으로 되어 있습니다만, 분명하게 말할 수 있는 성질의 것이 아니고 단위도 없습니다)

그런데 군대와 군비라는 것은 〈그림 6〉 전체를 사회로 봤을 경우는 정적인 개념이며, 그들을 동적으로 본다면 〈그림 6〉은 인간사회에서 전개되는 전쟁 그 자체를 보여주게 됩니다.

그리고 만일 지금 전쟁이 일어난다면 동원되는 병사의 수가 양적 증가를 일으키고, 종축(도면 전체를 0을 중심으로 한 그래프라고 한다면 Y축이라 할 수 있습니다) 값이 높으면 높을수록 대규모 전쟁이 되는 사회성을 띤다고 생각한다면, 세로축의 지표는 '군대의 구성원 수'에서 '병사의 동원 규모'라고 고쳐 써야 된다는 것을 알 수 있습니다.

하지만 근대에 들어 나폴레옹 전쟁 하의 스페인에서 게릴라전이 탄생하여 오늘날에는 그런 양상의 전투가 일반화되어 사용되고 있듯이 병사라는 개념은 결국 여성, 노인, 아이도 포함되는 것으로 해석됩니다.

따라서 '전쟁 참가자의 규모'라는 것이 더 적합하다고 생각합니다. 지금까지 말한 것을 도식화한 것이 〈그림 7〉입니다.

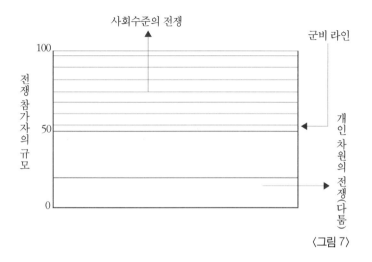

〈그림 7〉

이쯤에서 독자 여러분은 본 강좌 I 의 시작 부분에 내세운 전쟁해부도가 조금씩 이해되고 있다는 사실을 느낄 것입니다. 또한 동시에 '개인이 싸움을 하듯이 국가도 전쟁이라는 싸움을 한다'라는 첫 번째 전쟁신화가 〈그림 7〉을 앞에 두고는 설득력을 잃고 있다는 사실도 눈치 챘을 것입니다.

과연 개인의 싸움(개인 차원의 전쟁)도 국가의 싸움(사회 차원의 전쟁)도 인간이 일으키는 전쟁(도면 전체 범주)

에 포함된다고는 하지만, 그 영역은 겹치지 않습니다. 국가의 싸움은 군비에 의해 발명되었다는 점(군비 라인의 존재)이 무엇보다 개인의 싸움과는 성질을 달리 하고 있는 것입니다.

('전쟁발명의 메커니즘'에서 언급한 바와 같이, 대략 군비 라인 부근에서 개인의식에 뿌리 깊은 공격성이 사회의식으로 변질되어 전쟁발명에 필수적인 역할을 하게 됩니다만, 그런 측면은 그림 속에 드러나 있지 않습니다)

이렇게 보면 첫 번째 전쟁신화가 종종 사람들 입에 오르내리는 것은 '한 사람이 국가를 대표하는 것은 국제정치의 풍자화'라든지 '어머니는 재정담당'이라는 비유적 표현 정도로서 그 실체가 전혀 없다는 점을 알 수 있습니다.

전쟁의 철저한 해부

지금까지 두 가지의 전쟁신화를 부정하기 위해 전쟁해부를 진행하였습니다만, 여러분은 어떻게 느끼셨는지요? 별로 납득이 가지 않는 분들을 위해서라도 조금 속도를 내어 메스를 대도록 하겠습니다.

전쟁은 이미 언급한 바와 같이, 사회적 측면뿐만 아니라 공포의 감정과 적개심 등 인간의 자연스러운 감정에도 기인하고 있다는 점을 보여 주고 있습니다. 바꿔 말하면, 만약 〈그림 7〉의 횡축에 지표를 둔다면 그것은 '적개심의 정도'가 됩니다.

인간의 싸움은 상대에게 불안감을 느끼게 하는 것에서 시작합니다. 그렇다고 갑자기 교전상태(개인 차원에서의 주먹다짐)가 되는 것은 아니며, 오히려 대립상태가 오래 지속되는 것을 볼 수 있습니다. 그래서 적개심 값 30(군비 라인의 경우와 같이 명확하게 말할 수 있는 성질의 것이 아니며 단위도 없습니다)까지는 직접적인 폭력에 못 미치는 '심리영역'이 만들어지는 것입니다.

마침내 여기서 전쟁해부를 완료하고, 일상생활에서 가장 널리 사용되어지는 '전쟁'(협의의 전쟁)이라는 개념이 〈그림 8〉처럼 명확한 규정을 지을 수 있게 되었습니다. 개념을 명확히 하는 것은 전쟁신화에 속지 않기 위해서 반드시 필요한 것임을 새삼 반복해서 말할 필요도 없을 것 같습니다.

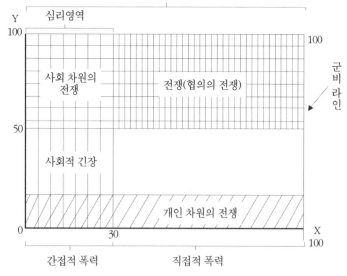

X축: 전쟁의 자연성(적개심의 정도) Y축: 전쟁의 사회성(전쟁참가자의 규모)

〈그림 8〉

전쟁의 진화

그렇다면 계속 시도해 왔던 전쟁신화의 부정을 위해 남은 것은 하나, 바로 전쟁신화 ③, 즉 '전쟁영화 등을 보고 가슴이 뛰는 것은 전쟁에 마력 같은 것이 있기 때문이다'라는 것만 남았습니다.

주의 깊은 독자 여러분 중에서는 〈그림 8〉과 본 강좌 I

서두에 제시한 〈그림 1〉 사이에 약간의 차이점을 눈치챘을 것입니다만, 그것이야말로 세 번째 전쟁신화를 부정하기 위한 방법론입니다.

차이가 나는 점을 먼저 도면화하여 메커니즘부터 살펴보겠습니다.

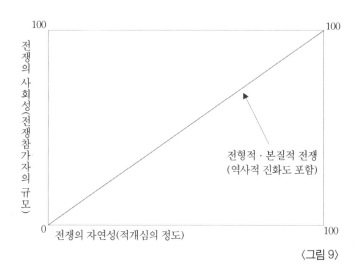

앞에서 잠시 언급할 기회가 있었습니다만, 〈그림 9〉는 0을 중심으로 Y축(전쟁의 사회성)과 X축(전쟁의 자연성)으로 만들어지는 그래프라고 할 수 있으며, 그 안에서의 전쟁

은 점이나 면, 선으로도 인식할 수 있습니다.

따라서 0에서 대각선 100까지 선으로 표시한 전형적 · 본질적 전쟁은 하나의 전쟁이 0에서 100까지 확대된 것으로 각각의 전쟁이 그 선상을 가리키는 것으로도 이해할 수 있습니다.

그전에 먼저 전쟁의 전형적이고 본질적인 의미를 19세기 전쟁이론가 칼 폰 클라우제비츠(Carl Philipp Gottlieb von Clausewitz, 프로이센 왕국의 군인 및 군사학자)는 다음과 같이 설명하고 있습니다.

> 만약 국민들 중 전쟁에 대한 열의(전쟁의 자연성)가 실제로 존재한다면 그와 관련하여 정치적 계획(전쟁의 사회성)이 커지는 것도 불가피하다.

이해하기 쉽게 말하자면, 한자리에 모인 대립관계의 그룹의 어느 일부에서 논쟁이 커져 버려 다친 사람이 속출하게 된다면 적개심은 점점 더 높아져 가고, 거기에 가세해 육체적 싸움에 참가하는 사람이 점점 늘어나는 것처럼, 전쟁의 자연성과 전쟁의 사회성은 정비례 관계에 있다는 것

입니다. (이것은 순전
히 이론적인 것으로
그렇지 않은 경우가
오히려 더 많습니다)

칼 폰 클라우제비츠

그럼 본론으로 들어
가서 세 번째 전쟁신
화를 부정하기 위한
방법론에 대해 말씀드
리겠습니다. 그 방법
론이란 만약 〈그림 9〉
에서 전형적·본질적 전쟁이 하나의 전쟁으로 단계적으로
확대된다면, 그것은 인류 전쟁의 역사적인 단계적 확대,
다시 말해 전쟁의 진화로서 인식될 가능성도 있다는 생각
입니다.

물론 그러기 위해서는 서로 정비례로 증가해 나가는 두
가지의 역사적 지표가 필요하게 됩니다만, 위의 두 지표는
그 비판을 감당할 수 있을까요?

먼저 전쟁의 사회성을 규정하는 '전쟁 참가자의 규모'에
대해서 설명을 해보자면, 엄밀한 의미에서 직선적인 진

화·증대를 명확하게 입증할 수 없지만, 큰 틀에서 보면 역사적으로 증가해 온 경향성을 보인다고 해도 무방합니다. 어느 연구자는 전쟁참가자가 아닌 전쟁으로 인한 사망자의 관점에서의 역사는 나선형으로 증가해온 사실을 수치적으로 입증하고 있으며, 같은 맥락에서 이해할 수 있습니다.

전쟁의 자연성을 규정하는 '적개심의 정도'에 대해서는 있는 그대로의 모습으로는 역사적 지표가 될 수 없습니다. 만약 그 지표를 역사적으로 사용한다면 원시인에 비해 현대인들이 사소한 일에도 화를 더 잘 내며 주먹다짐을 잘 한다는 것으로 됩니다만, 이것은 유머 소재일뿐 틀린 말입니다.

그럼 어떻게 바꾸어 생각하면 좋을까요? 보통 적개심이 높아지면 높아질수록 상대에게 보다 많은 피해를 끼치려고 하기 때문에 그것을 역사적으로 보면 활과 화살에서 대포 그리고 핵무기의 등장처럼 '무기의 진보(위력) 정도'라는 지표에 옮긴 다음 그 수치가 증가한 것으로 생각할 수 있지 않을까요? 바로 〈그림 10〉처럼.

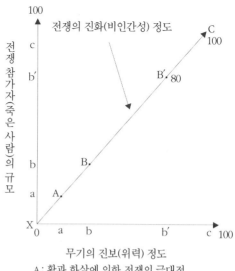

그림에 표시된 텍스트:
- 100 (세로축 상단)
- 전쟁의 진화(비인간성) 정도
- C 100
- c
- b′ B′ 80
- 전쟁 참가자(죽은 사람)의 규모 (세로축 라벨)
- b B.
- a A.
- X 0 a b b′ c 100
- 무기의 진보(위력) 정도

A : 활과 화살에 의한 전쟁의 극대점
B : 화포에 의한 전쟁의 극대점
C : 핵무기에 의한 전쟁의 극대점
 (전쟁의 완전진화 = 인류의 멸망)

〈그림 10〉

전쟁 마력(魔力)의 원인

여기에서 가장 중요한 사실은 전쟁은 진화한다는 것입니다. (〈그림 10〉으로 말하면 값 0의 X에서 값 100의 C로 단계적으로 확대되어 가는 것)

그리고 다행히 현재까지 일어나지 않은 핵전쟁이 만약에 일어난다면 모든 인간이 지구상에서 사라질 때(값 100의 C

의 시점) 전쟁은 100% 완전한 진화를 이루어 냄과 동시에 그 본질에 있는 비인간성도(어쨌든 지구상에 아무도 없게 되니까 이처럼 비인간적인 것도 없습니다) 사상 처음으로 100% 발휘된다는 점입니다.

바꿔 말하면 전쟁의 본질은 언어의 진정한 의미로서 100% 비인간성이지만, 과거 아직 전쟁이 미숙했던 시대에는 그 비인간성이 충분히 발휘되지 않았다는 것입니다.

여러분, 이제 아시겠죠? 〈그림 10〉과 같이, 예를 들어 80%밖에 전쟁이 진화하지 않은 시대(B'의 시점)에서 20%의 비율(비인간성), 즉 인간적인 것들이 그 시대의 전쟁에는 항상 발현되고 있었다는 것입니다.

본 강좌 I 의 서두에 말했던 어린이 모임의 인솔지도자가 보고 가슴을 뛰게 만든 전쟁 영화는 그러한 시대의 전쟁('카케무샤'라면 A의 시점입니다만)을 다룬 것으로서, 만약 그것이 명작이라면 감동을 받는 것은 지극히 당연한 일이라고 할 수 있습니다. 더구나 순진한 그녀는 자신이 느낀 감동과 근사함, 인간다운 면까지도 사실은 그 전쟁의 미숙함에서 기인한 것인데도 불구하고, 오히려 그것에 속아 전쟁의 깊이와 본질에서 오는 것이라고 착각하고 있다는 사실을 깨닫지 못했습니다.

그렇다면 세 번째 전쟁신화에 결정타를 날리기 위해 다시 한 번 정리해 보도록 하겠습니다. 전쟁영화를 보면서 가슴이 뛰는 것은 전쟁의 본질 그 자체에는 관객을 감동시키는 인간적인 측면(마력)은 결코 없으며, 단지 다루어지는 소재가 전쟁일 뿐이며, 진화적 미숙 상태가 크건 적건 인간들이 완전히 비인간적인 악마로 비쳐지지 않기 때문입니다.

그렇다면 이제부터 여러분도 전쟁영화를 보고 "멋지다!"고 마음속으로 생각할 수는 있을 것이고, 결코 죄책감을 느끼는 일 없이 편안하고 마음껏 영화를 즐길 수 있을 것입니다.

네 번째 전쟁신화

이렇게 해서 드디어 세 가지 전쟁신화는 무너져 내렸습니다. 이렇게 판단하는 것은 필자의 독선? 독자 여러분 중에서는 반박하고 싶어서 근질근질한 사람도 있지 않을까요? 필자의 경험으로 보아 그것은 전쟁신화를 전적으로 변론하려는 것일지도 모릅니다.

즉, "전쟁은 원래부터 나쁜 것일까? 난 어렸을 때 친구와 크게 다투었어. 강가에서 입 안이 찢어질 정도로 필사적으로 싸웠지. 하지만 그런 일이 있었기 때문에 진심으로 마음이 통하는 둘도 없는 친구가 되었어."

인간의 싸움은 나쁜 면뿐만 아니라 좋은 결과를 이끌어 낼 수도 있습니다. 이런 전쟁 긍정론으로 해석할 수 있는 주장을 이 강좌의 시작 부분에서는 다루지 않았습니다만, 네 번째 전쟁신화라고도 말할 수 있는 것으로써 많은 사람들이 믿고 있습니다. 필자도 자주 듣습니다만, 직접 말할 기회가 있으면 이렇게 반문합니다.

"만약 그때 싸움 때문에 상대방이 한쪽 눈을 실명했다면? 말다툼일지라도 하지 말아야 할 말을 상대방에게 해 버려 가슴에 못을 박았다면? 과연 그 사람과 친구가 될 수 있었을까?"

대부분의 사람들은 필자가 무엇을 말하고 싶은지 의아해하며 "실제로 그런 일은 일어나지 않았으니까…"라며 변명합니다. 핵심은 바로 그것입니다. 결과적으로 상대방의 한쪽 눈을 실명시키는 일은 벌어지지 않았다. 그것이 핵심입니다.

무슨 말이냐 하면 그 둘의 다툼은 의식적이든 무의식적이든 간에 결과적으로 치명상이 되지 않는 범위 안에서 끝났다. 다시 말하면, 통제(컨트롤)되고 있었다는 점입니다. (우연한 경우로 '보이지 않는 신의 손'에 의해 통제되고 있었는지도 모릅니다)

'싸움'의 본질은 원래 통제되지 않는 것, 즉 무질서입니다. 그래서 '통제된 싸움'이라는 것은 형용모순이며 '싸움'이 아닙니다. 마치 '밝혀진 수수께끼'가 더 이상 '수수께끼'가 아닌 것과 비슷한 의미입니다.

지금까지의 본 강좌 방식에 따라서, 이제 네 번째 전쟁신화에도 일격을 가해 봅시다. 그 두 사람을 둘도 없는 친구로 만들어 준 강가에서의 다툼은 싸움(넓은 의미의 전쟁)이 아니라, 비유해서 말하면 청춘 시절의 약간은 과격한 스포츠 경기(의식적인 투쟁) 같은 것이며, 따라서 전쟁에서 우정과 같은 훌륭한 관계가 태어났다고 하는 것은 말도 안 되는 오해라는 사실입니다.

"집요하다!"고 여러분에게 꾸지람을 들을 각오로 한마디 더 하겠습니다.

본 강좌 서두에 필자는 인간에게도 공격적 본능이 있다고 인정하였습니다만, 공격성은 '경쟁심'처럼 인간이 지닌 본능과 거의 구분되지 않습니다.

따라서 '경쟁'은 인간 사회의 숙명임에는 틀림없습니다만, 그것은 결코 무질서를 본질로 하는 '전쟁'이 그 숙명이라는 사실을 의미하지는 않습니다. 경쟁이 실제로 전쟁이 벌어지는 경우도 있을 것이며, 그렇지 않을지도 모릅니다.

어쨌든 거기에는 다른 요인이 관계되는 것이지 경쟁이 반드시 전쟁으로 변모한다는 등의 숙명이 있을 리가 없으며, 경쟁=전쟁은 결코 사실이 아닙니다.

이러한 오해가 빚어지는 것은 '공격성'이라는 용어 때문인지도 모릅니다. 공격=전쟁이라는 생각은 당연한 것이기 때문에 학자들 중에는 '공격성'이라는 용어보다는 '활동성'이라는 용어로 대체해 사용하려고 하는 사람도 있습니다.

이 강좌에서 여러 번 등장했던 콘라트 로렌츠(Konrad Lorenz, 오스트리아인 동물학자)의 다음과 같은 주장으로도 그 사실을 엿볼 수 있습니다.

(인간이 공격성을 잃어버리게 되면) 매일 수염을 깎는 것부터 고상한 예술적 또는 과학적 창조에 이르기까지 한 남자가 아침부터 밤까지 행하는 대부분의 활동이 사라질 것이다.

사회적 차원의 전쟁 긍정론

네 번째 신화=전쟁 긍정론의 논쟁 상대편이 "강가에서의 싸움에서 태어난 우정론"이 그 혼자만의 특별한 생각이라면 얼마나 편할까요? 하지만 세상에는 전쟁에도 바람직한 측면(전쟁이 허용되어지는 요소)을 인정하는 사람들이 얼마든지 있으며, 전쟁은 필요악이라든지 숙명이라고 주장하는 사람도 있습니다.

물론 전쟁은 인간의 죽음이 동반되기 때문에 감정적으로는 바람직한 면이 있다고 인정하기 싫은 사람들도 많겠지만, '용기' 있는 사람들은 대략 다음과 같은 이유로 전쟁 긍정론을 늘어놓고 있습니다.

A (적극적 전쟁 긍정론) 전쟁은 사회에 활력을 불어 넣었다.

① 전쟁은 인구를 조정해 왔다.

② 전쟁은 문명을 교류시키고 문화를 전파시켰다.

③ 전쟁은 과학기술을 발전시켰다.

④ 전쟁은 사회를 단결시키고 긴장과 경쟁 속에서 뛰어

난 인간 능력을 끄집어 내었다.

⑤ 전쟁은 전쟁터에서 용감, 헌신, 영광 등의 모범을 만들어 왔다.

⑥ 전쟁은 남자들의 출정에 의한 여성의 사회 진출과 실력주의에 의한 피차별자의 계층 상승을 촉진하고 사회를 평등화했다.

⑦ 전쟁은 대규모의 군대를 준비하고 사회의 불량분자를 수용, 단련하는 교육적 역할을 해 왔다.

B (소극적 전쟁 긍정론) 전쟁은 공권력이 존재하지 않는 곳에서는 재판의 역할을 담당하여 분쟁을 해결해 왔다.

사상혁명이 필요

이 중에서 B로 구분한 소극적 전쟁 긍정론에 대해서는 언젠가 지구국가가 되어 지구상에 유일한 공권력이 등장한다면 해결될 문제입니다. (이렇게 말하는 것은 쉽지만 실행하기란 간단한 문제가 아닙니다. 어쨌든 그야말로 인류의 염원인 영구적 평화의 확립을 의미하는 것입니다) 따라서 그 의미는 일시적이며 숙명이라고 할 수 없기 때문에 여기에서는 제외합니다.

A의 적극적 긍정론에 대해서는 동서고금을 막론하고 인간사회에서 널리 볼 수 있다는 의미에서 숙명이라는 믿음과 다름없으며, 독자 여러분도 한 번쯤 생각해 보거나 들은 적이 있던 말일 겁니다.

언뜻 봐서는 그럴지도 모릅니다. 왜냐하면 이것이야말로 '신화'이기 때문입니다. 그러나 지금까지 이 강좌를 진지하게 수강해 주신 여러분은 아실 것입니다.

여기에서도 세 번째 전쟁신화를 반박한 방법론이 효과적으로 사용될 수 있습니다. 즉, 위에서 열거한 전쟁 긍정론은 한결같이 '전쟁은…' 등과 같이 전쟁의 본질을 말하고 있는 것처럼 위장하고 있지만, 어느 것 하나라도 전쟁의 진정한 모습을 드러내지 않고 있으며, 기껏해야 '과거에는'이라는 부사구를 붙여서만 이해할 수 있게 만든 것에 불과합니다.

'과거에는'이라는 표현을 '핵무기의 등장 이전'이라고 바꿔 말하는 것이 정확할지도 모르겠습니다. 반복해서 말하지만, 전쟁의 본질은 100% 비인간성이며, 그것은 핵무기의 대량 사용으로 지구상의 모든 인류를 완전히 멸망시켰을 때 처음으로 달성되는 것입니다.

　그리하여 마침내 전쟁은 100% 진화한 진정한 모습을 지구상에 드러내겠지만, 그때가 된다면 —인류가 모두 멸망한 상태에서— 여전히 전쟁의 긍정적 측면을 인정하고 바람직한 면이 있다고 주장하는 사람은 없을겁니다. 자살 긍정론자를 제외하고는 … 인류 역사상 다행히도 전쟁은 한 번도 진정한 자기 본 모습을 보이지 않았습니다. (전쟁터에서 전멸이라는 차원의 전투가 자주 있긴 합니다만) 하지만 잠깐이지만 히로시마와 나가사키에서 그 진정한 모습을 보인 적이 있습니다. 전후, 히로시마 시장인 하마이 신조(浜井信三)는 제1회 평화선언에서 다음과 같이 말했습니다.

　이 무서운 무기는 영구적 평화의 필연성과 진실성을 확인
　하고자 '사상혁명'을 초래했다.

　아시겠죠? 이 '사상혁명'에 의해 지금까지의 전쟁 긍정론 등의 주장들은 사라져 버렸습니다. 다시 말하면, 이 '사상혁명'이야말로 바로 본 강좌 I 에서 시도하려고 했던 것, 바로 전쟁신화의 부정입니다.

어떠셨는지요? 여러분에게 '사상혁명'은 달성되셨나요? 독자 여러분의 솔직한 감상과 비평을 부탁드리면서 본 강좌 I에 대한 펜이 아닌 메스를 내려놓도록 하겠습니다.

'전쟁해부학' 강좌 Ⅱ

전쟁원리를 알고, 현대전쟁을 해석

'적을 알고 나를 알면 백전백승' – 여러분 누구나가 알고 있는 고대 중국의 병법가 손자(孫子)의 말입니다. 평화학을 전공한 필자가 병법을 인용한다고 핀잔을 들을 수도 있지만, 필자도 학창시절에 '적(敵)'을 알고 싶어 진지하게 고민했었습니다. 그 적은 인류 5천 년 역사 속에서 여전히 근절되지 않는 전쟁이라는 괴물입니다. 그래서 본 강좌Ⅱ에서는 먼저 그 괴물의 정체와 메커니즘을 살펴본 후, 현대의 다양한 전쟁을 분석하고 동시에 평화의 길을 찾아가 보도록 하겠습니다.

전쟁해부학의 등장

영국의 저명한 군사이론가 리델 하트(B. H. Liddell Hart)는 한때 고대 로마의 격언인 "평화를 원하면 전쟁에 대비하라"는 말을 "평화를 원하면 전쟁을 알아라"라고 바꾸어 주창하였습니다. 이 말의 뜻을 '평화를 원하면 전쟁에 대비하라'라고 이해해도 상관없지만, 전쟁이라는 괴물이 어떤 것인지 '알지 못한 채' 인류가 영구적 평화를 수립하는 것은 불가능합니다. 이 단순한 논리를 지금껏 소홀히 했던 것은 왜일까요?

그 첫 번째 원인으로 사회과학의 저급한 성숙도 때문이라고 말할 수밖에 없습니다. 전쟁은 사회현상이며, 그것을 해석하기 위해서는 사회과학이 중요한 역할을 하고 있습니다만, 인류사회과학은 아직 유물론(唯物論)·유심론(唯心論)의 대립을 비롯하여 사회유명론(社会唯名論)·실재론(実在論)의 대립 등 많은 논쟁의 결말을 내지 못한 채 남아 있습니다.

더욱이 연구분야의 좁은 시각은 치명적입니다. 전쟁 같

은 복잡한 사건의 해명은 총체적 시각이 무엇보다 중요하게 요구되는데 부분적인 전쟁연구에는 빛나는 업적이 많음에도 불구하고 전쟁이 전체를 해명하는 연구로는 이어지지 않습니다. 코끼리의 일부분만으로 코끼리를 판단하는 것으로 비유할 수 있습니다.

또한 전후 일본의 상황만 두고 보면, 앞서 일어난 전쟁의 엄청난 참화(慘禍)로 인해 군사연구를 금기시하는 풍조가 만연한 것도 부정할 수 없는 원인 중 하나입니다. 이러한 인식은 필자뿐일까요? 필자와 동년배인 두 사람을 등장시키겠습니다.

자칫 제2차 세계대전 이후 일본에서는 … 군사 및 전쟁과 관련한 것들을 기피한 나머지 과거 역사시대에 대해서도 그것이 투영되었다.(사학자 스기야마 마사아키[杉山正明])

전후 일본에서는 15년간의 전쟁이 가져온 군국주의에 대한 반발과 침략, 패전의 경험, 전쟁에 대한 일반적 및 학문적 태도에 미묘한 영향을 미치고 있는 것 같다.(인류학자 구리모토 에이세이[栗本英世])

아마도 많은 독자 여러분들이 고개를 끄덕이듯이 이러한

풍조는 전후 일본에 명백하게 존재하고 있습니다. 하지만 전쟁을 알기 위해서는 총체적 시각이 무엇보다 필요하며 군사에 대한 혐오가 있다고 해서 민중과 피해자의 관점만으로는 전쟁의 전체적인 모습을 해명할 수 없습니다. 군인과 군대에 대해 연구하는 것, 일부 독자들이 우익(右翼)이라고 간주하는 '군사연구'도 반드시 필요합니다.

물론 시대는 변화합니다. 사회과학은 진보하고 학제적 연구도 활발하여 군사에 대한 금기풍조도 점점 옅어지고 있습니다. 전쟁을 괴물에 비유하든 코끼리에 비유하든 이제 드디어 그 메커니즘을 해명할 '전쟁해부학'이 등장하기 쉬운 환경이 갖추어지기 시작했습니다.

클라우제비츠의 절대적 전쟁

전쟁의 메커니즘은 어디까지 해명되었을까요? 전쟁의 본질에 대해서 칼 폰 클라우제비츠(1780~1831)만큼 유능한 학자도 없습니다. 클라우제비츠는 나폴레옹 전쟁 시기에 활약한 군인이자 사상가였습니다.

극단적 논의를 하자면, 전쟁의 메커니즘은 이미 그가 전부 해명하고 있다고 해도 좋을 정도입니다. 하지만 왜 현대의 많은 사람들은 여러분과 마찬가지로 전쟁이 무엇인지, 왜 일어나는지에 대해서는 여전히 많을 것을 알지 못할까요?

무엇보다도 클라우제비츠 사상의 집대성인 『전쟁론』이 너무 난해하고 일반적으로는 이해하기 힘들기 때문입니다. 예를 들어 가장 많이 인용되는 "전쟁이란 다른 수단(무력)을 가지고 행하는 정치의 연장이다"라는 정의만으로 그의 사상을 이해하려는 경향이 있다는 겁니다.

그것이 마치 그의 유일한 전쟁에 관한 정의처럼 세상에 전해지고 있습니다만, 『전쟁론』에는 "전쟁은 적을 굴복시켜 자기 의사를 달성하기 위해 사용되는 폭력행위다"라든지 "전쟁은 확대된 결투나 다름없다"라는 정의까지 존재합니다.

첫 번째 정의만으로는 전쟁의 사회성 차원의 차이점을 시사한 그의 심오한 사상을 알 수가 없습니다.

클라우제비츠의 전쟁 이론에서 가장 큰 오해를 불러 일으키는 것은 '절대전쟁'의 개념입니다. 그는 전쟁 폭력의 무한 계성이라는 성질을 발견하고 그것만을 순수하게 지니고 있는 전쟁을 '절대전쟁'이라고 불렀습니다.

그래서 통상적으로 클라우제비츠는 전쟁주의자라고 불

리는 인물이 되어 버렸습니다. 예를 들어 베트남전쟁 절정기의 엄청난 파괴와 전쟁터의 흔적을 보고 TIME지의 어느 기자가 "전장에 클라우제비츠가 들어왔다"고 기록할 정도였으니까요.

그러나 클라우제비츠의 진의는 "절대적 전쟁은 실제로 일어나지 않을 것이다"가 그 취지입니다. 이것을 관성의 법칙으로 비유하면 이해하기 쉬울지 모릅니다. 하늘을 향해 던진 공에 전쟁을 비유하면, 이론적으로는 관성의 법칙에 의해 끝까지 날아가야겠지만, 실제로는 공기 마찰과 중

베트남전 당시 네이팜탄 폭격에 울부짖는 아이들

력에 의해 포물선을 그리며 떨어집니다.

이 비유에서 공기 마찰과 중력에 해당하는 것이 여러 종류의 정치적 흥정(전쟁의 사회적 요소)입니다. 전쟁은 인간이 지닌 자연적 정서인 증오·적개심(전쟁의 자연적 요소)의 의해 본래는 살육을 다 할 때까지 끝나지 않는 성질을 가지고 있지만, 실제로는 중간에 종결해 버리는 이유가 정치적 흥정 때문입니다.

사상가 코야마 히로타케(小山弘健)는 "(클라우제비츠) 전쟁관의 진정한 특징은 그것이 하나의 사회적·역사적 현실로서 자연적 계기(요소)와 사회적 계기와의 통일된 상황에서 파악되는 것이다. 그러므로 한 쪽의 측면만을 본 전쟁관은 혼란을 가중시키는 것이다"라고 말합니다.(코야마 씨도 결국 전쟁의 사회적 요소로서 결정적 의의를 찾아서 한 쪽 논리에 **빠졌습니다만**)

전쟁 해부학의 개념도

남의 비판만 하지 말고 이쯤에서 필자의 전쟁관을 제시해 보도록 하겠습니다. 필자는 클라우제비츠가 말한 전쟁의 본질에 대한 사상을 이해하기 쉽도록 〈그림 11〉과 같은 개념도를 사용하겠습니다.

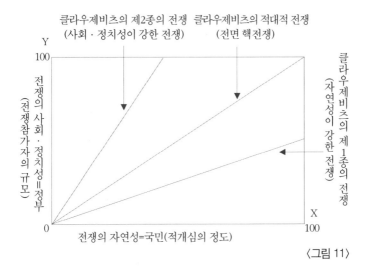

〈그림 11〉

클라우제비츠에 의하면 전쟁은 첫째로, '주로 국민에게 전가한다'는 성질로서 '자연적 본능이라고 할 정도의 증오와 적대감을 동반한다'는 것이며, 둘째, '오로지 정부에게 전가한다'라는 성질의 '정치 도구라는 종속적인 성질을 띠는 것으로 … 유일하게 타산을 일삼는 지혜로운 일이 될 것'이라고 보고 있습니다.

요약하면 전쟁은 앞서 서술한 코야마의 말처럼 ① 자연성과 ② 사회성(클라우제비츠의 말을 빌리면 정치성)이라는 두 가지 성질이 존재하게 됩니다. 그것이 〈그림 11〉의 0을 중심으로 한 가로축과 세로축에 표시된 것입니다. 게다가 클라우제비츠는 국가에 속하는 '전쟁의 자연성'과 정부의 영역인 '전쟁의 사회(정치)성'과의 사이에는 일반적으로 정비례 관계가 보인다는 점도 지적하고 있습니다. '만약 국민들 중 전쟁에 대한 열의가 실제로 존재한다면, 이와 관련하여 정치적 계획 규모가 커지는 것도 불가피하다'라고 말하고 있습니다.

그의 말에 따르면 모든 전쟁은 순수한 이론상, 그림 한가운데의 선처럼 0(점 X)에서 100(점 Y)으로 증가하고 현대에는 전면 핵전쟁으로 귀결하게 되는 것입니다. 이것이 '절대적 전쟁'입니다.

물론 앞서 언급한 바와 같이 현실적으로 전쟁의 단계적 확대는 멈추게 될 것이며, 자연성이나 사회성 중 한 쪽만의 경향이 강한 전쟁이 오히려 더 많다는 것은 두 말할 필요도 없습니다. 그것이 그의 말을 빌리자면 제1종 및 제2종의 전쟁이라는 것입니다.

'전쟁해부학'에서 사용되는 〈그림 11〉과 같은 개념도는 이밖에도 역사상 특정 전쟁을 점으로 위치를 부여하고 전쟁의 전형적인 예를 범위로 표시할 수도 있습니다.

　이러한 그림 분석이 전쟁과 같은 복잡하고 난해한 사실과 현상의 메커니즘 분석에서 조금은 도움이 된다고 필자는 믿고 있습니다만, 여러분의 생각은 어떠하신지요?

　그러면 그 '전쟁해부학'을 사용하여 현재 세계 곳곳에서 일어나고 있는 전쟁·분쟁을 분석하면 어떻게 되는지 살펴보겠습니다. 우선 충격적이었던 9·11 테러부터 보도록 하겠습니다.

9·11 테러는 새로운 전쟁?

　21세기가 시작된 해인 2001년 9월 11일, 미국에서 일어난 테러는 전 세계 사람들에게 커다란 충격이었습니다. 많은 사람들은 새로 맞이한 21세기에도 전쟁의 시대가 되어버리는 것은 아닐까 하는 불안감에 틀림없이 암담한 기분이 되었을 겁니다. 이 테러에 대해 부시 대통령은 '지금껏 유례가 없는 전쟁(War like no other)'이라는 말을 쓴 것처럼, 많은 지식인들이 9·11 테러는 '완전히 새로운 전쟁'이라는 견해를 보였습니다. 당시의 언론잡지들만 살펴봐도 '초(超)세계전쟁의 시작'(야나기다 쿠니오[柳田邦夫]), '세계 테

9·11 테러 당시 모습

러전쟁의 일환'(타치바나 다카시[立花隆]), '새로운 형태의 전쟁'(이시하라 신타로[石原慎太郎]), '정체성을 둘러싼 새로운 전쟁'(메리 칼도[Marry Kaldor]), '유사전쟁'(새뮤얼 헌팅턴[Samuel Huntington]), '실체가 없는 전쟁'(폴 비릴리오[Paul Virilio]) 등이 있습니다.

뉴욕타임즈의 어느 기자는 "제3차 세계대전이 시작됐다"고까지 썼다고 합니다만, 이러한 견해에 대한 제목들은 다양하지만 9·11 테러는 '완전히 새로운 성질의 전쟁'이라고 보고 있다는 점에서 모두 동일하다고 할 수 있습니다.

하지만 9·11은 정말 '새로운 전쟁'일까요? 필자의 이 질문은 어렸을 때부터 조금은 비뚤어진 성격에 따른 것뿐만 아니라 '전쟁해부학'에서 정당하게 도출된 결과이기도 합니다. 여기에서는 9·11 테러보다 수십 년 거슬러 올라가 검증해 보도록 하겠습니다.

국가와 국가가 전쟁을 하고 한 쪽이 승자가 되어 다른 쪽을 점령합니다. 이런 고전적인 이미지의 전쟁은 제2차 세계대전의 종결과 함께 거의 모습을 보이지 않게 되었습니다. 냉전이 시작되고 전쟁은 전면적인 것에서 제한적인 것으로 변화하였습니다.

베트남전쟁이 그 전형이라고 할 수 있습니다. 당시 미군에게는 전투 구역이 한정되어(지상군은 17도선을 넘을 수 없다), 사용하는 군사력을 제한(핵무기는 사용할 수 없다)할 수밖에 없었던 '완전히 새로운 전쟁'이었습니다.

따라서 군사이론가들은 베트남전쟁을 '한정(限定)전쟁', 더욱이 그 전쟁에서 전개되었던 게릴라전을 '부한정(副限定)전쟁' 등이라고 부르며, 그 '새로운 사태'를 이해하려고 하였습니다.

그러나 그후, 전쟁은 점점 소규모화되어 1986년 미국의 리비아 폭격 사건 등은 그것이 전쟁인지 아닌지 다시금 고민하게 만들었습니다. 그래서 기존의 게릴라전을 포함한 테러 및 인질 구출, 마약 퇴치 등의 특수작전에 이르기까지의 다양한 범주를 담은 '저열도(低烈度) 전쟁(Low Intensity Warfare)'이라는 용어가 80년대부터 빈번하게 사용되기 시작하였습니다.

여러분들도 이해하셨겠지만, 9·11 테러는 현재 사용되고 있는 '저열도 전쟁'이라는 개념으로 충분히 이해할 수 있는 것으로서 새삼스럽게 '완전히 새로운 전쟁'이라고 호들갑을 떨 필요가 없다는 것입니다.

"아니야! 3천 명 이상의 사망자 숫자로 봤을 때 '저열도'라고 말할 수 없어"라며 반론하는 독자가 있을지 모릅니다. 하지만 저열도 전쟁이라고 하더라도 장기적으로 벌어지면 사망자 수는 결코 적지 않습니다.

어느 연구자가 과테말라 내전을 예로 들면서 10만 명의 사망자가 발생했다고 계산하였습니다. 물론 그 중에 미국인의 경우는 사망자가 있다고 하더라도 극소수입니다만 … 아무래도 여기에 '새로운 전쟁'이라는 주장의 핵심이 숨어 있는 것 같습니다. 즉, 미국인 사망자의 관점에서 보면 확실히 9·11 테러 만큼의 많은 희생자를 낸 저열도 전쟁은 처음이며, 그 의미만으로 9·11 테러는 '완전히 새로운 전쟁'이라 할 수 있습니다.

생각지도 못한 뜻밖의 사건으로 미국의 중심부가 공격당한 9·11 테러. 세계를 좌지우지하는 미국의 언론은 신경질적으로 반응하였습니다. 그러나 그것만으로 '새로운 전쟁'이 탄생하였다고 표현하는 것은 냉철한 논리를 주된 무기로 삼는 '전쟁해부학'과는 상반되는 것입니다.

전쟁해부학의 가능성

주류 언론에 대한 반론을 펼치는 것이 특기인 필자와는 달리 9·11 테러에 대해 예언할 정도로 전쟁원리에 능통한 학자가 있다는 사실을 아십니까? 9·11 테러 당시에는 동경국제대학교수였던 군사평론가 마에다 테쓰오(前田哲男)입니다.

마에다는 9·11 테러 발생 3년 전, 아프가니스탄과 수단에 있었다고 알려진 알 카에다 기지에 대해 미국이 미사일 공격을 했을 때, 아사히신문에 '전쟁의 개념을 확대한 미국'이라는 제목의 글을 썼습니다.

그 중에서 그라나다 침공(1983년)과 파나마 침공(1989년) 등의 저열도 전쟁에서도 상대는 국가라는 영역을 지키고 있었음에도 불구하고, 이번 미사일 공격에 의한 교전권이 개인에게도 적용되어 저열도 전쟁의 개념을 확대해 버렸다고 주장하고 있습니다. 그리고 마에다의 분석은 계속됩니다.

> 미국은 소련이라는 적수가 없어진 '유일한 초강대국'이라는 안심감과 정밀유도무기가 가져다준 '절대적 안전위치'라는 우월감에서 전쟁 개념의 확대를 단행했다. 하지만 이 우월과 자신감은 거꾸로 전쟁행위에서 가해자와 피해자의 관계성 소멸, 극도로 지각(知覚)이 마비된 살육이라는 끔찍한 미래를 예견하고 있다. 그것이 언젠가 미국으로 향하지 않는다는 보장은 없다.

마에다의 분석은 9·11 테러라는 비로소 국가 대 개인 및 개인조직 간의 전쟁으로 나타났다. 더욱이 9·11 테러는 '완전히 새로운 전쟁'이라며 주류 언론이 정확하지 않았다는 것을 멋지게 밝히고 있습니다.

마에다는 클라우제비츠뿐만 아니라 손자(孫子), 이시하

라 간지(石原莞爾, 제2차 세계대전 직전까지 활동한 일본의 육군군인), 로저 카유아(Roger Caillois, 프랑스 평론가) 등의 전쟁이론에도 조예가 깊다고 합니다. 다시 말해서 전쟁의 원리를 아는 '전쟁해부학'은 이러한 정밀한 분석과 심지어 예언까지도 할 수 있는 가능성을 지니고 있다는 것입니다.

테러의 4대 원형

하지만 '새로운 전쟁'인지 아닌지 생각하기 전에 9·11 테러는 전쟁이 아니라 '범죄'로 보아야 한다는 논의도 있습니다. 그 주장에 따르면 '반(反)테러 전쟁'은 경찰이 수행해야 하는 직무행위의 일종으로 인식된다는 것입니다. 또한, 테러라면 소규모로서 비합법이라는 이미지가 있습니다만, '국가테러' 등의 용어도 최근에는 자주 듣게 됩니다. 이 경우에는 대의 없이 무차별적 공격을 행하는 전쟁이라는 의미로 사용되는 경우가 많습니다. 이렇듯 현재의 전쟁 및 분쟁이 다양하게 불려진다면 '전쟁해부학'에서는 이를 정리하지 않으면 안 됩니다.

일본 방위대학교의 미야사카 나오후미(宮坂直史) 교수는

『국제 테러리즘론』에서 두 가지 지표, 즉 '분쟁의 강(열: 烈)도 또는 사용되는 무기의 파괴력'과 '국가의 상대가 되는 행위자의 조직화 정도'를 이용하여 현대사회의 여러 폭력을 평가하려 하였습니다. 그것을 바탕으로 하여 본 강좌Ⅱ의 서두에서 사용한 개념도를 통해 나타낸 것이 〈그림 12〉입니다. (양축 지표는 강좌Ⅱ 서두에 사용한 것과 다르니 주의바랍니다)

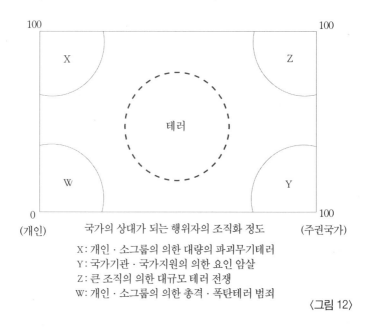

〈그림 12〉

그림의 중앙에 테러라고 적힌 원형이 점선으로 되어 있는 것은 테러라는 개념을 제한하는 것이 어려워 실제로는 그림 전체에 퍼져 있다고 해도 과언이 아닙니다.

미야사카 교수에 따르면 테러는 '적당한 조직화와 무장을 한다는 점에서 … 중간의 원내 부분으로 들어가면 적절한 형태가 되겠지만 실제로는 거의 전쟁이라고 해도 무방한 (Z), 국가가 관여하는 암살 등의 테러(Y), 일반범죄와 구별이 애매한(W), 개인의 범행에서도 대량살상무기 등이 매우 심각한 사태를 초래하는(X) 등 … 광범위하게'라는 성질을 가지고 있습니다.

세계화 속의 9·11

그런데 9·11 테러를 〈그림 12〉에 대입시켜 일반적으로 생각하면 Z 근처(전쟁에 가까운 것)입니다. 그렇다면 앞에서 9·11 테러를 범죄로 생각했던 사람들의 인식은 무엇인지 의아해하는 독자 여러분도 있을 것입니다. 범죄라면 W 근처가 될 것이니까요.

사실 그것은 그들이 가로축에 표시된 '행위자의 조직화 정도' 100이라는 수치를 주권국가를 넘어선 것으로 인식하고 있기 때문입니다. 그렇다면 주권국가를 넘어섰다는 것은 무엇일까요? 그것에 대답하기 위해서 필자는 비난을 무릅쓰고, 앞에서 말했던 것을 철회해야 할 때가 온 것 같습니다.

필자는 앞에서 9·11 테러는 정말 '새로운 전쟁'인가 하는 의문을 제기했습니다. 그리고 9·11은 굉장히 충격적인 사건이며 히스테릭한 상황이 될 수 있기 때문에 오히려 더 냉정하게 전쟁을 해부하듯 하지 않으면 안 된다고 주장했습니다.

그 취지는 지금도 전혀 변함없지만, 여기서 9·11 테러는 큰 시대의 흐름 속에서 '새로운 전쟁'이라고 부르는 것이 적절한 것인가 라는 식으로 주장을 바꾸고 싶습니다.

큰 시대의 흐름이란 인류사회가 지금 새로운 단계에 접어들고 있음을 의미합니다. 그것은 소위 세계화의 물결이 세계 구석구석까지 뻗어 나가고 있다는 것입니다.

쉽게 말해서 세계화란 세계가 하나가 되는, 즉 국제정치의 주역을 독점하고 있던 주권국가들이 점점 그 기능을 잃고, 그 위에 새로운 공권력이 구축되는 현상입니다.

그 뚜렷한 예가 유고슬라비아에서 일어난 사건이었습니다. 원래는 자국 내 문제로서 다른 국가로부터 간섭 받지 않을 코소보 분쟁에 다른 국가들이 개입하고, 더욱이 자국의 대통령이 전범재판에 서게 된 것은 주권국가라는 위상이 변질되고 있는 것으로서 많은 사람들의 기억에 생생히 남아 있습니다.

90년대로 들어서 '인간의 안전보장(안보)'이라는 개념이 주목 받게 된 것도 세계화에 따른 현상으로 이해할 수 있습니다. 이것은 종래의 '주권국가의 안보'라는 개념에 전적으로 대체되는 것은 아니지만, 새로운 시대에 수반되는 것이라고 할 수 있습니다. 일본 전 외무차관인 오와다 히사시(小和田恆)는 다음과 같이 말합니다.

각각의 국가들이 국가의 안보를 확보하는 것은 국민에 대한 책임이다. 그러나 그것뿐만 아니라 국가를 구성하는 국민 개개인이 인간으로서의 안전을 어떻게 보장할 것인가가 오늘날의 안보를 생각할 때의 기본적인 틀이 되고 있다.

9·11 테러는 내전?

이처럼 세계화가 진전되고 있음에도 불구하고 주권국가를 뛰어넘는 것, 다시 말해 세계연맹 · 지구국가가 아직 성립되지 않는 것이야말로 현재 일어나고 있는 세계 분쟁과 테러 등이 원인이라 할 수 있습니다. 만약 지구국가가 성립되면 선진국을 모델로 한, 대립을 전쟁으로 발전시키지 않고 의회에서의 논쟁으로 바꿔놓는 것처럼, 평화로운 사회를 세계로 넓힐 수 있기 때문입니다.

하지만 현재는 그 과정에 있으며 평화로 향하기는커녕 몇 개의 다른 문명 간의 충돌로 전쟁이 '세계화'되어 가고 있다고 주장하는 학자들도 많이 볼 수 있습니다.

앞서 9·11 테러를 '실체가 없는 전쟁'이라고 부른 폴 비릴리오(Paul Virilio)도 그 중 한 명입니다. 그는 9·11 테러를 '제1차 세계내전의 시작'이라고 평가하고, 인류사회는 '최초의 지구 규모의 내전' 시대로 돌입했다고 주장하고 있습니다.

비릴리오의 예측은 너무 비관적이라고 필자는 생각합니다만, 어쨌든 그의 '내전'이라는 인식만 보더라도 9·11 테러는 새로운 시대의 새로운 전쟁이라고 불러야 된다는 것을 알 수 있습니다. 비릴리오가 무심코 '내전'이라는 단어를 사용할 만큼 지구국가의 미래상이 이미 그려지고 있다는 것입니다.

지구 규모의 제국

먼저 본 강좌 II 에서는 전쟁의 메커니즘을 배우고 현대의 다양한 전쟁을 분석해 보았습니다만, 여러분은 어떻게 느끼셨는지요? "전쟁의 분석과 분류만 해 놓았을 뿐, 전쟁을 방지하고 평화로운 사회를 만들기 위한 처방전이 없다"라며 비판할 수도 있을 거라고 생각합니다.

평화학자 코다마 카츠야(児玉克哉)가 말했듯이 평화학이 '희망을 만들어 내는 학문'이라고 한다면 필자도 평화학을 전공한 사람으로서 미래평화의 비전, 구체적으로는 지구국가로의 비전에 대해 제시할 필요가 있습니다.

물론 그것은 쉬운 일이 아닙니다. 평화학에 대한 비판 중, '먼 미래와 현실의 혼동'이라는 것이 있습니다만, 현 시점에서 가볍게 지구국가를 언급한다면 문제는 바로 그것이라고 지적당해도 할 말은 없습니다.

하지만 2000년도를 기점으로 그 지구국가가 이미 만들어졌다고 선언하여 세계적인 반향을 불러 일으킨 책이 있습니다. 안토니오 네그리(Antonio Negri, 이탈리아 출신의 윤리, 정치 철학자)의 『제국』입니다. 물론 그 '제국'은 현재의 주권국가와 같은 순수한 정치적 권력을 말하는 것은 아니지만, 다국적기업과 국제금융자본이 세계시장을 지배하고 있는 모습을 네그리는 '제국'이라고 불렀습니다.

이미 90년대부터 '주권국가는 정치적 단위에 지나지 않고 문화적으로는 너무 넓으며 경제적으로는 너무 좁다'라는 인식이 있었습니다만, 역시나 경제분야는 지구국가의 가장 뜨거운 이슈였습니다.

『제국』이라는 책은 실로 다양하게 해석되어 "21세기 공산당 선언"이라고 불리는 한편, 미국 국민들 사이에서는 '제국'이 일극(一極)지배의 축이 미국으로 간주되어 자존심을 부추겼다는 말도 들립니다. (중국이 뒤쫓을수록 그 심리는 커지겠죠)

『제국』 속에서 가장 중요한 점은 지구상의 모든 것들을 한 단위로 생각하는 것, 바꿔 말하면 지구국가의 패러다임을 처음으로 제시한 점에 있다고 생각합니다.

소련 붕괴 후의 세계정세를 하나의 회사로 비유한다면 막다른 곳에 몰린 노동조합(소련)이 무너지고, 자본가(미국)가 마음대로 해 버리는 상황입니다.

그래서는 안 된다며 NGO 등이 세계사회포럼이라는 '자주관리노조'를 설립하여 자본 측을 다양한 방법으로 규제하려는 것이라고도 생각합니다.

지구국가 시민

그런데 네그리는 『제국』 속에서 '군중(multitude)'이 '제국'의 변혁 주체라고 되어 있습니다. 그렇다면 '군중'은 어떤 사람들일까요? 국제정치학자인 무샤코우지 킨히데(武者小路公秀) 교수는 다음과 같이 설명하고 있습니다.

> 어느 TV 방송에서는 온갖 데모를 벌이는 것이 군중이라고 설명합니다. 그러나 데모에 참가하고 있는 사람들은 꽤 시민적인 사람들로서 네그리가 말하고 있는 군중(multitude)와는 다릅니다. 그가 말하는 군중을 구체적으로 말하면, 불법으로 입국을 한 사람들이라든지 노동조합을 조직하지 않는 이른바 비공식 부문(informal sector)의 일용직 노동자라든지 노숙자나 인신매매 피해자인 성매매 노동자들(sex worker)입니다.

교수의 설명을 위의 패러다임으로 해석해보면 현재 '지구국가'는 크게 구분해서 ① 자본가, ② 시민, ③ 저변의 노동자 등 세 개의 층으로 구성되어 있다는 것을 알 수 있습니다. 그렇다면 그 사회의 평화의 길은 어떠한 모습일까요?

일반적으로 하나의 사회에서 지배계층과 피지배계층 사이에 존재하는 중간계층이라는 것이 크면 클수록 그 사회는 안정된다고 보고 있습니다. 그 사회 법칙을 따를 경우, 현재의 '지구국가'에서 중간계층인 시민계층의 확대야말로 사회의 안정, 즉 분쟁과 테러를 방지하는 방법이라고 결론을 내릴 수 있지 않을까요? 물론 그것은 시민계층의 양적 확대뿐만 아니라 질적 성숙, 다시 말해 자본가에게 착취 당하지 않고 저변에 있는 노동자의 변혁 에너지를 이해하면서 그 첨예한 역량을 흡수할 수 있는 성숙한 시민계층이지 않으면 안 된다는 것입니다.

본 강좌의 독자 여러분이 그 후보자가 아닐까요? 필자는 본인을 포함하여 그러한 사람들을 '지구시민'이라고 부르고 싶습니다. 한 사람 한 사람이 국경과 인종에 구애받지 않고 지구상에 사는 인간, 지구인이라는 자각을 갖기 위해서 말입니다. 만약 그러한 지구시민이 지구국가의 압도적 다수를 차지하게 된다면 인류 5천 년 역사 속에서 처음으로 전쟁은 영원히 그 모습을 감추게 될 것입니다.

지구시민의 종교

"미래 평화의 비전을 가볍게 논하지 않는다"라고 앞서 이렇게 말한 필자의 입이 마르기도 전에 성급한 논의로 전개되어 버린 것 같습니다.

지구상에는 다양한 민족, 종교 등이 존재함에도 불구하고 지구시민으로 대동단결하고 지구국가의 압도적 다수를 차지한다는 것을, 바꿔 말하면 평화의 실현 그 자체이기 때문에 '평화가 실현되면 평화가 됩니다'라고 대답하는 것과 마찬가지로 일종의 토톨러지, 즉 동어반복에 불과합니다.

좀 더 구체적으로 지구국가의 여러 조건을 제시하지 않으면 여러분을 납득시키기 힘들 것 같습니다. 그래서 언뜻 보기에 관계없다고 생각되겠지만, 2005년 7월 31일자 요미우리신문 칼럼에 실린 평론가 야마자키 마사카즈(山崎正和)의 '전후 일본'에 대한 논의를 소개하려 합니다. 뭔가 힌트를 얻을 수 있을지도 모르니까요.

야마자키에 따르면 전후 일본이 달성한 사상적 성숙은 ① 정교(政教)분리, ② 민족주의의 극복, ③ 카리스마의 불필요. 이 세 가지 특징이 있다고 합니다. 그리고 전후 일본에서 거대 종교, 통합적 이데올로기, 유명 지도자에 의존하지 않고 '1억 명 이상의 국민이 60년의 안정을 유지한 것은 기적에 가깝다'라고 말하고 있습니다. 그런 요소들도 없이 많은 사람들을 통합한다는 것은 보통 힘든 일이 아닙니다.

이라크 전쟁의 참혹한 모습

그렇다면 그것들을 대신하여 무엇이 통합의 원리가 된 것일까요? 그런 마법 같은 것이 있으면 다양한 민족, 종교에서의 지구국가 통합의 힌트가 될 수 있습니다. 그것은 무엇일까요? 야마자키는 대답합니다. 그것은 상식의 체계인 '시민종교'라고. 예를 들어, 과거 이라크를 둘러싼 정세를 보고 이해할 수 있을지도 모릅니다. 2005년은 이라크 전쟁이 깊은 수렁에 빠진 시기였습니다만, 미국 입장에서는 결코 나쁜 것만은 아니었습니다.

같은 해 실시된 국민의회선거에 많은 이라크 국민이 테러의 위협에도 굴하지 않고 투표장으로 발길을 옮겼습니다. 이것은 미국에 의한 민주주의의 승리로 간주되어 '부시는 옳았을까?'라는 특집을 낸 신문까지 있었습니다.

기독교와 이슬람교라는 거대 종교 간의 숙명적 격돌, 더욱이 거짓말에서 시작된 전쟁이라는 절망적인 상황 속에서 왜 이라크 사람들은 엄청난 위험을 무릅쓰고 투표장으로 향했을까요? 그것은 자신들의 대표를 스스로 결정한다는 '상식' 때문이 아니었을까요? 어떤 종교를 믿든 안 믿든 그런 건 상관없이 보편성을 갖고 있다는 것은 분명합니다. 그리고 이 상식의 체계이며 보편성을 가진 시민종교야말로 미래 지구시민계층이 지녀야 할 '종교'라고 필자는 생각하고 있습니다. 만약 그런 시민종교의 신자가 지구상에 넘쳐난다면 반드시 다양한 사람들을 통합하는 '접착제' 역할을 수행하고(종교는 시멘트에 자주 비유됩니다) 평화로운 지구국가가 마침내 실현될 것입니다.

사람의 고통을 아는 학문

'상식을 지구시민의 종교로 하는 것', 즉 지구국가의 여러 조건 중 하나를 살펴보았습니다만 어떠신지요? 독자 여러분 중에서는 여전히 "경솔하다"고 생각하는 사람들도 많지 않을까요? 그렇습니다. "지구상의 다양한 문명, 문화를 생각해 보면 '상식'이라고 하더라도 과연 보편성을 가질 수 있는 것일까?", "상식은 국가마다 다른 것이 아닐까?" 당연한 질문입니다. 따라서 필자는 그에 대해서 '아픔을 상식의 기준으로 할 것'을 제안하고 싶습니다.

분명히 '좋은 것'이라든지 '행복'은 다양한 문화 속에 사는 지구시민 사이에서 서로의 차이가 작지 않습니다. 세상은 넓기 때문입니다. 그러나 '아픔'과 '힘든 것'은 인간인 이상 크게 다르지 않을 겁니다. '아픔'을 기준으로 하는 상식을 종교로 정착시킴으로써 지구시민이 서로 공감하는 것, 그렇게 되면 이상적이며 지구국가로 한 걸음 더 나아갈 수 있습니다.

현실세계에서 그러한 사례를 살펴보겠습니다. 인도와 파키스탄의 오랜 분쟁지역인 카슈미르에서 2005년 10월, 파키스탄 북부에서 일어난 지진에서 양쪽 지역 사람들은 무기를 내팽개치고 국경선(휴전라인)이 개방되면서 서로 협

력하는 모습을 보여 주었습니다. 그 후 많은 테러사건에도 불구하고 그 우호적인 분위기는 유지되고 있습니다. 이것은 지진재해라는 '아픔'을 그들이 함께 기억하기 때문임에 틀림없습니다. '아픔'에 대한 상식은 이슬람, 힌두교 두 종교 사이에서도 마찬가지였습니다.

앞서 필자는 평화학이란 '희망을 만들어 내는 학문'이라고 했습니다. 이러한 사례를 보면서 한걸음 더 나아가 '사람의 아픔을 아는 학문'으로 해야 하지 않을까라고 곰곰이 생각하게 됩니다.

지구시민 종교의 영성(靈性)

여기에서는 지금까지 말한 '지구시민 종교'의 특징을 정리하도록 하겠습니다. 먼저 무엇보다 상식체계이어야 한다는 점입니다. 그리고 그 상식은 인류의 최대공약수인 수치적 '아픔'을 기준으로 헤아릴 수 있는 것, 그렇게 함으로써 우리는 지구시민으로서의 공감을 가질 수 있다고 논의하였습니다.

마지막으로, 아니 오히려 서두에 언급했어야 했습니다만, 지구시민 종교라고 해도 종교라는 것은 틀림없기 때문에 당연히 다른 종교가 그러하듯이 영성(靈性,

spiritualism)을 가지고 있습니다. 그것은 어떤 것일까요?

1992년 교향곡 제1번으로 공개되어 회를 거듭하고 있는 '지구교향곡(가이아 심포니)'이라는 영화가 시사하는 바가 큽니다. 이 옴니버스 형식의 다큐멘터리 영화는 지구를 하나의 생명체로 생각하는 제임스 러브록(James Lovelock, 영국의 과학자, 가이아 이론의 창시자)의 '가이아(그리스 신화에 나오는 땅의 여신) 가설'에 근거하고 있기 때문에 그 사상과 지구시민 종교가 딱 들어맞습니다.

다큐멘터리 감독인 타츠무라 진(龍村仁)은 특히 교향곡 제4번에서의 영성에 대해 말하고 있습니다.

"영성은 자신의 생명이 가이아라는 지구의 커다란 생명 가운데 일부분으로 살아가고 있는 것을 실감하는 것이다."

좀 더 쉽게 말하면, 우리가 가이아라는 지구생명체에 둘러싸여 있는 것 같은 그런 감각이라고 할까요? 마치 필자가 돌아가신 아버지의 유품인 양복을 걸쳤을 때 아버지가 감싸 안는 듯한 포근함을 느끼는 것처럼.

타츠무라는 또한 "21세기는 인류의 모든 행위 뒤에는 부드러운 영성이 요구되는 시대가 될 것이다"라며 다음과 같이 말합니다.

이 영성이 가진 실감을 뒷받침하는 한 사람 한 사람의 작은 행위야말로 지구의 건강한 미래를 창조해 나간다.

영화 '지구교향곡(가이아 심포니)'은 여러 장으로 만들어졌습니다만, 어느 장을 보아도 결코 독자 여러분의 기대를 져버리지 않습니다. 반드시 멀지 않은 장래에 예정되어 있는 지구국가의 뼈대이며, 지구시민 종교의 영성을 극장에서 느낄 수 있을 것입니다.

한·중·일 젊은이들의 본심

지구환경 문제에서 자주 사용되는 '지구를 생각하며 지역에서 행동하라'를 모방한 것은 아니지만, 필자의 평화에 대한 제언을 '지구'에서 눈을 크게 돌려 이번에는 '지역' 문제에 대해서 살펴보도록 하겠습니다. 필자가 살고 있는 일본에서의 지역은 동아시아를 말합니다.

일본, 한국, 북한, 중국. 이들 국가에 공통되는 중요한 문제 중 하나는 말할 필요도 없이 전쟁으로 인한 과거의 상처입니다. 아직 치유되지 않고 잊혀지지 않는, 아니, 결코 잊어서는 안 될 역사적 사실입니다.

그러나 일본과 그 밖의 나라 사이에는 분명하게 가해자와 피해자로서의 다른 위치가 존재합니다. 이 점을 고려하지 않고 현재의 네 나라 사이의 관계를 이해하는 것은 결코 쉽지 않습니다. 그렇게 하지 않는다면, 특히 지금의 일본 젊은이들 일부에서 볼 수 있는 감정적 민족주의로밖에 도달할 수 없겠지요. 그들은 동아시아 문제가 그 근본적 뿌리 속에 과거 역사가 숨겨져 있다는 상상력이 부족하기 때문입니다. 그래서 이것 또한 전쟁퇴색의 증거라고 할 수 있을지도 모르겠습니다. 이러한 퇴색을 방지하고 미래지향적인 관계를 구축하기 위해서는 무엇보다도 젊은이들이 노력해서 배우지 않으면 안 됩니다. 그러기 위한 노력의 하나로 매년 여름방학에 열리는 '동아시아 청소년 역사체험 캠프' 행사가 주목받고 있으며 2013년에 12회째를 맞이하였습니다.

2013년은 제2차 아베 내각이 한국, 중국과 정상회담을 전혀 할 수 없는 비정상적인 상황이었던 해입니다. 그렇지만 한·중·일의 고교생과 리더 역할을 하는 대학생들은 그런 정치정세에 아랑곳하지 않고 언제나처럼 대성황이었다고 합니다. (소위 말해 민간외교입니다만, 현재의 국제정치 행위자들이 이제는 국가만 하는 것이 아니라는 것을 굳

이 말할 필요도 없을 것 같습니다)

제12회 캠프에서도 예전처럼 세 나라의 학생들은 역사 인식에 대한 의견을 교환하고 '치유', '용서', '화해'라는 키워드에 대한 이해의 폭을 넓혀 나갔습니다. 인솔인 중 한 사람이며, 오랫동안 고등학교 교단에 서 온 역사가 하라 유키오(原幸夫)는 다음과 같이 지적합니다.

> 전후 일본이 안보체제와 헌법원리의 대립 속에서 평화·민주주의 운동에 의한 평화국가로서의 행보를 견지해 온 것이 한국과 중국에는 잘 알려지지 않았기 때문에 일본 정부와 일본 국민·시민을 동일시하고 정부각료의 언동이나 우익성의 저널리즘=국민·시민으로 간주하는 경향이 있다.

그런 오해가 이 캠프를 통해 한국과 중국의 학생들 사이에서 풀린다고 하니, 역시 마주보고 이야기하는 것이 중요하다는 점은 명백합니다. 더욱이 학생들의 교류의 힘은 대단하다면서, 하라 유키오는 필자에게 이런 이야기를 해 주었습니다.

> 오후 학습시간에 통역을 통해 심하게 말다툼을 하던 학생들도 밤이 되면 서툰 영어와 손짓 발짓을 해 가며 교류합니다.

필자도 유학 경험이 있기 때문에 잘 알고 있습니다. 말이 통하지 않는 것만큼 괴로운 것은 없습니다. 그런데도 세 나라의 학생들은 밤이 새도록 서로를 알기 위해 노력합니다.

무엇이 그들의 마음을 움직이는 것일까요? 호기심? 우정? 그것은 아마도 본능의 세계일지도 모르겠지만 그들의 눈은 반짝반짝 빛나고 있었을 겁니다. 물론 그런 본능의 이야기뿐만 아니라 물질적 조건도 정비되고 있습니다.

2013년 일본의 엔화 약세로 인해 환율이 중국의 GDP는 일본의 두 배. 한국도 1인당 수치는 점점 일본을 추격하고 있습니다. 세 나라의 학생들은 이미 대등한 협력관계를 구축하게 되어 주눅이 들거나 하지 않습니다. 더욱이 세 나라가 공유하는 젊은 문화, 즉 멋진 K팝뿐만 아니라 애니메이션 등은 순식간에 국경을 넘습니다. '장난스런 Kiss'와 '꽃보다 남자' 등은 세 나라(중국어판은 대만에서 제작)에서 각각 만들어졌기 때문에 이제 이것은 보편적 언어와 같은 것입니다. 그런 공통의 화제가 나오면 학생들의 눈동자가 빛나는 것도 당연합니다.

그 학생들의 눈동자에서 일본, 한국, 중국의 미래가 비쳐진다고 한다면 너무 낙관적일까요? 어른들 흉내를 내며 공식적인 견해와 의견을 말할 수 있는 그들의 본심이야말로 빛나는 눈동자 속에 분명이 있다고 필자는 믿고 있습니다.

단순한 '미래지향'의 죄

독자 여러분도 그러하겠지만, 젊은이에 대한 이야기를 하면 대부분은 과거의 일은 과거의 일로서, 앞으로는 미래지향적으로 가자는 분위기가 되기 쉽습니다. 필자는 그것을 '파산 역사관'이라고 부르고 있습니다만, 젊은이들뿐만 아니라 일본의 과거 전쟁책임을 인정하고 싶지 않은 사람들 중에는 그것을 당당히 주장하는 경우가 있습니다.

'일본의 과거 전쟁범죄가 비록 사실이라 할지라도 지금의 세대가 한 일이 아니기 때문에 책임을 질 필요는 없다'는 것입니다. 그에 대해서 필자는 민법의 법리를 사용하여 반론하고 있습니다.

예를 들어 민법에서는 부모의 빚 등의 마이너스 유산은 상속을 포기함으로써 면책받을 수 있습니다. 그러나 상속을 포기하면 플러스 유산도 함께 포기해야 합니다. 그것은 국가와 민족에 비유해서 말하면 지금까지 역사 속에서 조상이 쌓아 온 문화와 자긍심도 자신들과는 상관없다는 태도를 취해야 한다는 것을 의미합니다. 이렇게 하는 것이 현재 일본에서 살고 있는 세대로서 바람직한 태도일까요? 흥미롭게도 '파산 역사관'은 민족주의자라고 불리는 사람들 속에서 자주 사용되지만, 모순이라는 점은 분명하지 않을까요? 그들은 애국심을 잘못 생각하고 있습니다.

그런 타산적인 역사관과는 인연이 없는 순진한 젊은이들, 특히 일본의 젊은이들 사이에서도 '파산 역사관'을 말하는 경우가 있습니다. 언제까지나 과거에 집착해서는 미래지향적인 관계를 구축할 수 없다고 말합니다. 그런 긍정적인 주장을 무시할 수는 없지만, 거기에는 단순함과 무지가 야기한 죄가 있다는 것을 알아야 합니다.

대체 한반도는 현재, 왜 분단되어 있을까요? 필자를 포함한 요즘 젊은이들은 태어날 때부터 이미 한국과 북한으로 나뉘어 있었기 때문에 이런 의문을 품기란 쉽지 않습니다만, 그것은 상상력의 빈곤이라고 해야 합니다. 그런 인식은 '과거 전쟁을 일으킨 독일은 전후에 동과 서로 분단됨으로써 벌을 받았다. 반면에 그런 전쟁을 동시에 일으킨 일본은 어떤가?'라고 질문을 받는다면 대답하기 곤란해집니다.

또한, '도리어 피해자인 조선민족의 국토가 분단되어 버리다니!'라고 한다면 고개를 들 수가 없습니다. 더군다나 일본의 전후 역사의 끈을 풀어서 보면, 전쟁 후 빈곤에서 일본경제가 회복된 계기가 바로 한국전쟁 덕분임을 알았을 때, 쉽사리 '미래지향적'이라는 말을 입에 담을 수 없었습니다.

전쟁 따위는 옛날 일이라고 하는 건 결코 있을 수 없습니다. 한국과 북한 사람들에게 과거 일본의 통치가 계기가 되어 벌어진 분단의 고통은 현재진행형입니다. (한국전쟁은 아직도 '휴전'상태에 불과합니다)

북한도 일본과 평화조약이 아직 체결되지 않은 상태에서 법적으로는 현재도 전쟁상태가 지속되고 있다고도 생각할 수 있습니다. (만약 납치도 군사작전의 일환이라고 주장한다면 간단히 국가범죄 등으로 규탄할 수 없게 되어버립니다)

중국과 관계도 마찬가지입니다. 지도자들이 결심만 하면 30분 내에 일본 민족을 전멸시킬 수 있을 정도의 핵전력을 가진 현재의 중국이 여론조사에서 미래의 침략 위협을 느끼는 국가로 미국보다 일본을 들었다는 사실은 무엇을 의미하는 것일까요?

가해자인 일본은 이러한 사실을 엄중하게 받아들이지 않으면 안 됩니다. 피해자인 한국과 북한 그리고 중국인들의 마음 속에는 여전히 큰 짐이 있다는 사실을 잊어서는 안 됩니다.

역사 문제에 관해서 여론조작이라든지 외교카드 같은 국제역학론에만 얽매여 그 밑바탕에 있는 사람들의 아픔을 헤아릴 수 없는 사람은 동아시아의 미래에서도 신뢰를 얻을 수 없을 것입니다. '사람의 아픔을 아는 것', 평화학은 그렇다고 생각합니다. 아무리 '미래지향'의 간판을 내건 학문이라 할지라도.

거울 이미지(mirror image)

그럼 지역을 조금 더 한정시켜 한반도를 둘러싼 평화 문제에 대해 생각해 보겠습니다.

2006년 10월 북한(조선민주주의인민공화국)의 핵실험은 국제사회에 큰 충격을 주었습니다. 인도와 파키스탄의 핵보유와 이란의 핵개발 의혹과 함께, 놀랍게도 '제2의 핵시대'라는 말을 언급하는 전문가도 있는 등 좋지 않은 상황입니다. 핵전쟁의 공포에 떨었던 미·소 냉전시대의 악몽이

사람들의 머리 속에서 되살아나기 시작했습니다. (북한의 핵실험은 그 이후에도 계속되고 있습니다)

사방이 바다로 둘러싸여 안보 문제에 관해서는 상대적으로 둔감한 일본인의 눈에도 그것은 커다란 위협으로 비쳐졌습니다. 북한에 대한 반감, 심지어 적대시하는 언동도 볼 수 있습니다만, 사실은 북한을 적으로 보는 여론이 이때부터 갑자기 생겨난 것은 아닙니다.

미국에서는 9·11 테러 이후에 성조기가 나라 전체에 펄럭이며 민족주의의 바람이 휘몰아쳤지만, 일본에서 이에 상응하는 사건은 '9·17'이라고 할 수 있습니다. 2002년 9월 17일 고이즈미 전 총리가 방북한 자리에서 김정일 국방위원장이 일본인 납치를 인정하면서부터 북한에 대한 비난 여론이 형성되고 그 반발로 민족주의가 고양되었습니다.

이러한 일본의 대응에 대해서 필자는 아무리 생각해도 납득이 되지 않습니다. 김 위원장이 납치를 인정한 것 등을 여러분 중에 예상한 사람이 있었습니까? 그런 의미에서 '새로운 바람'이 불었던 것입니다. 왜 일본은 그것을 새로운 것으로 받아들이지 않았을까요?

국제사회도 사회라는 점은 마찬가지이기 때문에 일반적

으로 상대가 사죄하면 용서하려는 방향으로 생각하지 않으면 안 됩니다. 그것이 반대로 비난을 받다니. 이런 일들을 보고 있으면 앞으로 세계의 독재자들은 어느 한 사람도 악행을 인정하려 하지 않을 것임에 틀림 없습니다.

상당히 난처한 선례가 된 것은 분명합니다. 납치피해자들이 가족들과 눈물의 재회를 했을 때, 필자도 눈물을 많이 흘렸습니다만, 일본의 여론은 그러한 감정에 휩쓸려 버렸습니다. 일본인은 감정적인 민족이기 때문입니다. 여하간 그런 일본 국민의 감정과 그것을 부추기는 언론보도로 인하여 북한에 대한 적대감이 싹트기 시작했습니다. 핵실험은 그 적대감에 결정타를 날렸고 핵을 일본에게 사용할지도 모른다는 북한의 일본에 대한 적대감으로 받아들여졌습니다.

거기에 맞서 일본의 적대감은 한층 더 고조되었으며 … 이러한 사태가 되면 평화학자들은 반사적으로 '거울 이미지(mirror image)'라는 분석방법을 떠 올립니다. 거울 이미지란, 예를 들어 "너 고함 지르지 마!"라며 말하고 있는 본인이 고함을 지르고 있는 경우입니다. 상대의 모습이라고 생각했던 것이 사실 거울에 비친 자신의 모습인 경우가 많다는 점을 보여 줍니다.

그렇다면 북한이 일본에 적대감을 갖고 있다고 일본인이 생각하는 것은 일본도 북한에 대해 적대감을 가지고 있다는 것이 됩니다. 그것은 이미 언급한 고이즈미 방북 이후 싹트기 시작한 감정만은 아닙니다. 한층 뿌리깊은 적대감을, 정확히 말하자면 이미 과거에도, 가지고 있었다는 것을 의미합니다. 현재의 일본인들은 잊고 있습니다만, 상대는 결코 잊지 않습니다.

　잘 아시겠지만, 반 세기도 넘은 과거 일본에 의한 조선 지배가 그것입니다. 그러므로 현재의 북·일 간의 여러 문제를 해결하려고 한다면 과거 일본의 식민지 지배에 대한 논의는 절대적 필수조건이라고 할 수 있습니다. 노골적으로 적의를 품고 노려보는 북한이라는 '적'은 사실 옛날 혹독한 식민지 통치를 한 사람, 일본의 모습을 비추고 있는지도 모릅니다.

　협상 과정에서 과거를 언급하는 것이 결코 문제를 복잡하게 한다거나 해결을 늦춘다거나 하지 않습니다. 오히려 해결의 지름길이라고 단언할 수 있습니다. 이 원점을 잊어버리면 저도 모르게 거울 이미지의 함정에 빠져 버리게 될 것입니다.

필자는 2013년까지 평화박물관 '평화오사카'에서 근무하였습니다. 재직 시절 '오사카 대공습'이라는 전시를 관람한 미국인의 감상문 속에 "이 아름다운 나라를 그 옛날 불 태워 허허벌판으로 만들어 정말 죄송합니다"라고 적혀 있는 것을 발견하고 눈시울이 뜨거워진 경험이 있습니다.

매우 감동하였습니다. "오사카 공습은 일본이 시작한 전쟁의 결과다!"라고 적혀 있는 것보다 훨씬 일본인의 심금을 울립니다. 먼저 사죄하는 것이 중요하다고 그때 생각했습니다.

어느 쪽이 먼저라도 상관없습니다. 이러쿵 저러쿵 말하는

평화박물관 평화오사카 전경

것보다(요즘 일본에서는 식민지 지배의 공죄 논쟁으로 어수선하지만) 먼저 북한 사람들에게 진심으로 사죄해 보는 것은 어떨까요? 두꺼운 문은 반드시, 반드시 열립니다. 확신합니다.

두 민족은 친형제

그럼 이러한 과거를 질질 끌고 온 일본, 한국, 북한 세 나라 사이에 진정한 우정이 가능할까요? 예를 들어 유럽인들의 시선으로 본다면 두 민족의 외관은 거의 구별이 되지 않기 때문에(필자도 분간할 자신이 없습니다) 사이좋게 못 지낼 이유가 없다는 결론은 너무 순진한 생각일지도 모르겠습니다.

인종은 같아도 문화의 벽이 가로막고 있기 때문입니다. 일례로 머리를 두드리는 것은 일본에서는 웃음을 자아내는 경우도 있어 만담(개그) 등에서 자주 볼 수 있습니다만, 한국에서는 금기입니다. 머리를 맞은 한국 출신의 여성 탤런트가 대기실에서 울었다는 이야기를 들은 적이 있을 정도이니까요.

반면 본 강좌에서는 '아픔'을 기준으로 함으로써 문화적 차이를 극복하려는 시도를 제안했습니다. 그러나 원형사관 (原型史観)으로 유명한 김용운 교수는 문화의 차이는 그 정도로 간단한 것이 아니라고 갈파합니다.

> 민족을 하나로 만드는 것에 언어·종교 등이 민족적 문화의 중심요소는 아니다. 어떤 요소를 가지고도 그것이 민족을 존속시킨다고 할 수 없다. 그러한 요소를 낳고, 더욱이 기층적 문화 의사가 존재하는 것이다. 그것이 바로 민족의 원형이다.

김용운 교수에 의하면, 예를 들어 필자가 한국에 살고 한국말을 술술 한다고 하더라도 일본 민족으로서의 원형은 변하지 않는 것, 즉 '차이'라는 것은 남는다는 것입니다.('차이'는 전쟁이라는 괴물이 매우 좋아하는 음식입니다)

문화의 벽이 그렇게나 견고히 뿌리 박혀 있다고 한다면 두 민족 사이에 평화의 길은 존재하기나 하는 것일까요?

필자는 여전히 두 민족은 반드시 진정한 친구가 될 수 있다고 확신합니다. 왜냐하면 '민족의 원형'을 한층 더 뛰어넘는 것이 있기 때문입니다. 그러나 그것은 이론으로 알 수 있는 것이 아니라고 생각합니다.

그래서 여기에서는 원형에서 더 파고 들어가 그 기반에 있는 것, 융(Jung, Carl Gustav, 스위스의 심리학자)이 말하는 "아키타이프(archetype-원형, 거의 본능과 동의어. 김 교수도 인류 공통의 원형을 인정하고 있습니다)가 존재하기 때문이다"라는 이론을 사용하여 증명할 생각은 없습니다. 그보다 필자의 몸 속 깊숙한 곳에서 나오는 것에서 그렇게 느끼는 것입니다. 그것을 DNA라고 해도 좋습니다.

한때 일본인의 조상은 한반도 남부에 살고 있었습니다. 일본어와 한글의 차이는 방언 수준의 차이라고도 합니다. 두 민족은 이념적인 의미가 아니라 실제로 진정한 형제 그 자체입니다. 친형제라면 과거 한때 불행한 관계에 있었다고 해도 그것이 어떻다는 것이죠? 혈육을 나눈 형제라면 언젠가 반드시 서로 이해할 수 있고 도울 수 있다고 생각하는 것이 이상한 것일까요?

현재 우리의 형제 중 한 명인 북한은 나라 만들기를 그다지 성공했다고 말할 수 없습니다. 그러나 세계에서 존경을 받고 있는 나라 일본과 한국의 진정한 형제이니까 이대로 '악의 축'이라는 오명을 입은 채로 끝나지 않을 것입니다.

어려움을 겪고 있는 형제에게 따뜻한 손을 내밉시다. 그렇게 하면 반드시 훌륭한 나라로 다시 일어설 수 있습니다. 그러면 세 나라는 서로 존경하는 관계가 될 수 있습니다. 꿈같은 이야기가 아닙니다. 필자의 DNA가 그렇게 확신하고 있습니다.

'지구'에서 시작하여 '지역'에까지 평화의 길을 찾으며 왔습니다. 어떠셨습니까?

본 강좌에서는 과학의 입장에 서서 논하겠다며 자주 말하였습니다만, 결국 이치를 넘은 것에 의해 느끼거나 믿거나 한다는 것은 모순이다라는 비판은 달게 받도록 하겠습니다. 필자 역시 일본인이기 때문에 감정적인 부분은 어쩔 수 없었던 것 같습니다. 어찌되었든 지금까지 필자의 평화에 대한 제언이 올바르게 되었는지 여부는 여러분의 판단에 맡기도록 하겠습니다. 어떤 매서운 비판이라 할지라도 많은 의견을 부탁드리며 이 대목에서 본 강좌를 마치도록 하겠습니다.

마치면서

필자가 중학교 1학년 이었던 때로 기억하고 있습니다. 아침, 친구가 매우 낙심하고 있길래 이유를 묻자 어젯밤 아버지에게 몹시 꾸중을 들었다는 것이었습니다. 거듭 이유를 물어 보니 TV에서 하던 전쟁영화의 전투기 공중전 장면을 보고 무심코 "멋지다!"라고 말을 하는 순간, "전쟁은 멋진 것이 아니야!"라고 열화와 같이 화를 내셨다는 것입니다. 전쟁 경험이 있는 친구 아버지의 기분도 알 것 같다고는 하지만, 제로전투기의 20밀리 기관포가 불을 뿜는 모습은 대부분 소년들의 눈에는 매력적으로 보입니다. 그때는 뭔가 석연치 않은 기분이었지만, 필자의 나이가 들수록 전쟁을 도덕적으로 단죄하고 아이들을 꾸짖을 것이 아니라 과학적으로 해명하고 납득시키는 방법은 없을까라고 모색하기 시작하였습니다.

두 차례 강좌에서 그 방법을 잘 설명했는지에 대해서 그다지 확신하진 않지만 독자의 기탄 없는 의견과 감상을 주셨으면 합니다.

이 책은 2005년 5월부터 「저널리스트 넷」에서 부정기적으로 연재된 강좌를 기반으로 이번 한국에서의 출판을 즈음해서 대폭적으로 가필한 것입니다.

「저널리스트 넷」은 2005년도 봄에 저널리스트 몇몇이 모여 인터넷 상에 설립한 뉴스 사이트입니다. 모토는 '미디어를 창조한다. 현대를 탐구한다. 지(知)를 심화한다'로서 날마다 활발한 언론 활동을 전개하고 있으니 꼭 방문해 주시기를 희망합니다.

「저널리스트 넷」이 설립되었을 때, 미래학자 엘빈 토플러(Alvin Toffler)는 '지금 반란이 일어나고 있다'고 표현했을 정도로 인터넷 상에 블로그가 폭발적으로 증가하기 시작한 시대였습니다. 토플러에 의하면 이러한 블로그의 증가는 오래된 제도의 정통성이 없어지고 있기 때문이라고 합니다만, 필자도 세상에 만연되어 있는 오래된 '전쟁 숙명'을 철저하게 깨부수는 블로거로 기억되고 싶습니다.

마지막으로「저널리스트 넷」의 기고를 진행시켜 주시고 한국에서의 출판에 많은 도움을 주신 카와세 슌지 씨, 졸문(拙文)을 번역해 주신 윤미영 씨와 고명성 씨 그리고 출판을 흔쾌히 수락해 주신 논형에 진심으로 감사의 말씀을 드립니다.

2014년
쓰네모토 하지메

참고문헌

『現代戦争論』, ロビン · クラーク/ 松井巻之助 訳, 草思社.

『현대전쟁론』, 로빈 클라크 / 마쓰이 마키노스케 역, 소시사.

『戦争論(上 · 中 · 下)』, クラウゼヴィッツ/ 篠田英雄訳, 岩波文庫.

『전쟁론(상 · 중 · 하)』, 클라우제비츠/ 시노다 히데오 역, 이와나미
　　문고.

『国際テロリズム論』, 宮坂直史, 芦書房.

『국제 테러리즘론』, 미야사카 나오후미, 아시쇼보.

『攻撃(1 · 2) 』, ローレンツ/ 日高敏隆 · 久保和彦 訳, みすず書房.

『공격(1 · 2)』, 로렌츠/ 히다카 토시다카 · 쿠보 카즈히코 역, 미스
　　즈쇼보.

『戦争と平和(上 · 下)』, アイブル=アイベスフェルト/ 三島憲
　　一 · 鈴木直訳, 思索社.

『전쟁과 평화(상 · 하)』, Irenäus Eibl-Eibesfeldt/ 미시마 켄이
　　치 · 스즈키 타다시 역, 시사쿠사.

『人間の本性について』, E · O · ウィルソン/ 岸 由二 訳, 思索社.

『인간의 본성에 대해서』, E · O · 윌슨/ 키시 유우지 역, 시사쿠사.

『平和学』, 岡本三夫, 法律文化社.

『평화학』, 오카모토 미츠오, 호리츠분카사.

『グローバル時代の平和学』(全 4 巻) 藤原 修 · 岡本三夫他 編, 法
　　律文化社.

『글로벌시대의 평화연구』(전4권) 후지와라 오사무 · 오카모토 미
    츠오 외, 호리츠분카사.

『增補 軍事思想の研究』, 小山弘健, 新泉社.

『증보 군사사상의 연구』, 코야마 히로타케, 신센사.

『帝国』, アントニオ · ネグリ他/ 水嶋一憲他 訳, 以文社.

『제국』, 안토니오 네그리 외/ 미즈시마 카즈노리 외, 이분사.

『人の世の冷たさ, そして熱と光』, 武者小路公秀, 解放出版社.

『인간세상의 차가움 그리고 열과 빛』, 무샤코우지 킨히데, 카이호
    출판사.

『遊牧民から見た世界史』, 杉山正明, 日本経済新聞社.

『유목민에서 본 세계사』, 스기야마 마사아키, 일본경제신문사.

『未開の戦争, 現代の戦争』, 栗本英世, 岩波書店.

『미개한 전쟁, 현대의 전쟁』, 쿠리모토 에이세이, 이와나미서점.

『日韓歴史の理解』, 金 容 雲/ 亜細亜文化交流協会 編訳, 白帝社.

『한일 역사의 이해』, 김용운/ 아시아문화교류협회 역, 하쿠테이사.

『戦争と平和の『解剖学』, 常本 一, 東方出版.

『전쟁과 평화의『해부학』』, 쓰네모토 하지메, 토호출판.

전쟁숙명론에서 전쟁해방학으로

ⓒ 쓰네모토 하지메

초판 인쇄 2014년 8월 10일

초판 발행 2014년 8월 20일

지은이 쓰네모토 하지메

옮긴이 윤미영 · 고명성

펴낸곳 논형

펴낸이 소재두

등록번호 제2003-000019호

등록일자 2003년 3월 5일

주소 서울시 관악구 성현동 7-77 한립토이프라자 6층

전화 02-887-3561

팩스 02-887-6690

ISBN 978-89-6357-160-7 03300

　값 8,000원